四特　教育系列丛书　SITEJIAOYUXILIECONGSHU

用活动管理班级

《"四特"教育系列丛书》编委会　编著

吉林出版集团股份有限公司
全国百佳图书出版单位

图书在版编目 (CIP) 数据

用活动管理班级 /《"四特"教育系列丛书》编委会编著.
—长春：吉林出版集团股份有限公司，2012.4
（"四特"教育系列丛书 / 庄文中等主编. 课堂教学与
管理艺术）
ISBN 978-7-5463-8718-5

I. ①用… Ⅱ. ①四… Ⅲ. ①中小学 – 班级 – 学校管理
Ⅳ. ① G632.421

中国版本图书馆 CIP 数据核字（2012）第 043983 号

用活动管理班级
YONG HUODONG GUANLI BANJI

出 版 人	吴　强	
责任编辑	朱子玉　杨　帆	
开　　本	690mm × 960mm　1/16	
字　　数	250 千字	
印　　张	13	
版　　次	2012 年 4 月第 1 版	
印　　次	2023 年 2 月第 3 次印刷	

出　　版	吉林出版集团股份有限公司
发　　行	吉林音像出版社有限责任公司
地　　址	长春市南关区福祉大路 5788 号
电　　话	0431-81629667
印　　刷	三河市燕春印务有限公司

ISBN 978-7-5463-8718-5　　　　　　定价：39.80 元

前　言

　　学校教育是个人一生中所受教育最重要的组成部分,个人在学校里接受计划性的指导,系统地学习文化知识、社会规范、道德准则和价值观念。学校教育从某种意义上讲,决定着个人社会化的水平和性质,是个体社会化的重要基地。知识经济时代要求社会尊师重教,学校教育越来越受重视,在社会中起到举足轻重的作用。

　　"四特教育系列丛书"以"特定对象、特别对待、特殊方法、特例分析"为宗旨,立足学校教育与管理,理论结合实践,集多位教育界专家、学者以及一线校长、老师们的教育成果与经验于一体,围绕困扰学校、领导、教师、学生的教育难题,集思广益,多方借鉴,力求全面彻底解决。

　　本辑为"四特教育系列丛书"之《课堂教学与管理艺术》。

　　目前,在我国的学校教育中,课堂教学仍然是一种主要的教育教学活动,要想有效地提高课堂教学质量与效果效率,就必须充分尊重和应用教育科学理论,系统学习、研究、提高课堂教学艺术水平,这不仅是对课堂教学的客观要求,而且是教育教学研究的发展趋势之一。因此,有志于从事教育事业去当一名教师的教育专业学生,都有必要去学习、研究课堂教学艺术,为今后做一名合格的教师进行充分的准备。本书把教育教学理论和教育教学实践有机地结合起来,系统地研究课堂教学的规律和实践,研究教学过程中的各种实际问题。

　　本书还有另一个很明确的目的,那就是:确立班级管理的专业地位,提升师生教学质量。我们分别从学生、教师(班主任)的角度分别进行说明。班级管理是门艺术,大凡艺术殿堂的攀登,都需要自觉的奉献;班级管理又是门科学,涉及科学领域的探索,必依赖智慧的涌动。希望本书的出版,能为工作在第一线的广大中小学班主任提供一个支点,同时,能唤起一部分对班主任工作感兴趣的专家学者的热情,共同来研究这个新课题,让班主任班组管理这项至关重要的工作,更具科学性和艺术性。这也是本书编写的意义所在。

　　本辑共20分册,具体内容如下:

　　1.《怎样把课说好》

　　"说课"是深化教育改革,探讨教学方法,实践教学手段,提高教育教学业务水平的一种好方法,也是教师进一步学习教育理论,用科学的手段指导教学实践,提高教学科研水平,增强教学基本功的一项重要方法。本书主要从说课准备、精心设计与组织说课材料、幽默为教法服务、情感学法说课、辅助教学程序、互动教学目标、应对说课失误和总结说课经验等方面来进行铺垫和阐述。我们站在说课者的角度,多层次地模拟了说课中遇到的各种问题,并提出了相应的改进措施,希望教师在说课中少走弯路,对于日后的说课教学能起到更大的帮助。

　　2.《怎样设计教学情境》

　　本书着重探讨了如何使新课程提倡的自主学习、探究学习、合作学习真正进入到课堂之中。通过介绍西方课堂设计的理论和教学策略，总结国内课堂教学改革的成功经验，为教师进行有效的课堂设计提供切实的指导和帮助。

3.《怎样把课备好》

备课能力是一个教师最基本的业务能力。备课是教师教学活动的一个重要组成部分，也是上好一堂课的前提和重要保证。教师要上好课，首先必须备好课，备课是一项深入细致的工作，是教师达成良好教学效果的关键。教师备课最需要用"心"、用"情"、用"力"和重"思"。

4.《怎样把课上好》

课堂动了，学生活了，互动、对话成为课堂教学的常态了，课堂上出现一系列变动不居的场景也就在情理之中了。教师根据课堂教学中生成的各种资源，形成后续的、新的教学行为。动态成为常态，生成成为过程，这些教学的新要求，是上课时教师需要加以灵活掌握的，也是本书所要介绍的。希望通过本书，教师不仅能获得教学的新理念，同时能获得基本的教学策略。

5.《走出教学雷区》

由于学识、经验、能力、性格、思维等诸方面的限制，教师由于认识和行动上产生了偏差，在教学过程中走入误区在所难免。本书列举了日常教学工作中教师常出现的一些问题甚至错误，分析这些问题产生的根源及这些问题在教学中的呈现形式，提出解决的方案，引导教师避免或者走出误区，通过"行动—反思—再行动—再反思"，引导教师做一个反思型教师。促进教师在专业化的道路上更快的成长和进步。

6.《让学生出类拔萃》

在学校里，尖子生往往是重点培养对象，集"万千宠爱于一身"。但是作为教师，不能被尖子生"一俊遮百丑"而忽视对他们的培训和教育。教师应该正确认识和了解尖子生，做好培优工作，积极引导，严格要求，满足他们强烈的求知欲，充分施展其才能并通过尖子生积极进取的态度、较好的学习方法影响和帮助其他同学共同发展，使全体学生成绩不断地推进。

对尖子生的培养是一项艰巨而漫长但又极具乐趣的工程，希望通过本书的学习，我们的教师都能发现千里马，精心、尽力培养，让他们跑得更快、更远！

7.《一对一教学》

在中国，"一刀切"式的教学方法普遍存在于课堂中，然而，每个学生特点各异，只有建立在了解学生基础上的个性化教学才能使学生受益无穷。

不是崭新的课本、新潮的教学技巧，也不是最新的教学设备，唯有优秀的教师才是学生成功的关键。坚信我们有责任坚持不懈地寻找和发现优秀的孩子，我们也要认识到每一个孩子都与众不同。本书致力于了解我们的学生并找到适合各个学生的教学方法，因材施教。

8.《让课堂动起来》

教师如何形成新的课堂教学艺术技巧、如何让课堂变得更加生动有趣，这正是本书论述的要旨所在。

教师要上好一堂课，除了要有热情与高度的责任感之外，还要有渊博的知识和一定的讲课技巧，教师必须认真备课、多动脑、多想办法，有了一定的授课技巧，课堂就会时时呈现出精彩！

9.《不怒自威》

本书以清新的笔调、详实的案例向教师娓娓道来:要树立起自己的威信,教师除了要师德高尚、敬业爱生,专业精湛、诚实守信、仪表得当,还要宽严有度、教管有方、赏罚分明、公平公正。只有这样,学生对教师才能心悦诚服,也只有这样,教师才不会在"学生难管"的哀叹中失落教育的权威。

10.《好学生是怎样炼成的》

行为变为习惯,习惯养成性格,性格决定命运。一个动作,一种行为,多次重复,就能进入人的潜意识,变成习惯性动作。习惯对每个人梦想的实现,命运的选择起到了决定性作用。青少年正处于一个习惯的塑造和培养期,养成良好的习惯会让每个孩子都成为好学生,会使其受益终生。

11.《与差生说拜拜》

本书以新颖的创作手法和情真意切的教育语言从多个方面阐述了怎样对后进生进行转化,如何正确认识后进生,坚守对后进生的教育之爱,唤起后进生向上的信心,解开后进生的"心结",有针对性地解决后进生的"问题"行为,加大对后进生的学法指导,提升后进生的自身能力,善用工作技巧来解决后进生问题,走出教育后进生的误区。本书有较强的可读性、针对性、实用性和操作性,对教师转化后进生的教育工作有实际性的参考和切实有效的帮助。

12.《从管到不管》

课堂管理艺术和技巧是以学生发展为本的,是教师教学智慧的新表征,是教学实践和经验概括和理性提升,本书所阐述的艺术和技巧是简约的,实用的,可操作的,可借鉴的。教师通过本书的阅读和借鉴,能够在新课程实践探索的道路上,不断更新课堂管理理念,优化课堂管理行为,形成新的教学本领和新的课堂管理艺术,让课堂教学焕发出生命的活力。

13.《把握好教学心理》

为了帮助读者成为"有意识的教师",作者提出了若干问题以引导学生思考和学习,并列举大量课堂实例,作为实践范例。本书鼓励教师去思考学生是如何发展和学习的;鼓励教师在教学之前和教学过程中做出决策;鼓励教师思考如何证明学生正在进行学习、正在迈向成功。本书反映了当前有关的新理论与新进展,所介绍的各种研究结论在课堂实践中得到了验证与应用。该书所倡导的兼收并蓄的均衡教学为教学的专业化发展奠定了基础。

14.《完美的班规》

优秀的班集体需要制订切实可行、行之有效的好班规。本书采用了通俗的创作方法,把死板的道理鲜活化,把教条的写法改变为以案例为主,分析、评点为辅,把最先进的教育理念和方法融入有趣的情境中。经典的案例,情境式的叙述,流畅的语言,充满感情的评述,发人深省的剖析,娓娓道来、深入浅出,让教师更充分地领会先进、有效的教育方法。

15.《让问题学生不再成问题》

班级里总有那么些学生:有的顶撞老师,经常迟到;有的迷恋网络,偷拿钱物,早恋;有的对同学暴力相向,甚至离家出走;教师在他们身上花费很多精力,然而收效甚微。教育这些学生,需要耐心,更需要教育的智慧。

本书是一部针对这一现象为教师提供方法的教育研究专著,也是一部关于问题学生的教育学通俗读物。本书以教师最头痛的问题学生为突破口,努力在这个问题上把智慧型教育理论化、具体化、可操作化,且适当规范化。这既是教育问题学生的一本"医书",也是教师科学思维方式的培训教材。

16.《消除师生间的鸿沟》

本书在编写中,尽力以轻松的笔调来"海阔天空"地谈论教育中的师生关系这一敏感问题,以求能让读者在阅读中有快乐、有启发、有思辨。本书每一篇章采用夹叙夹议的编写风格,叙述的是事例,议论的是道理。为了最终能让读者更广泛、更深刻地明白教育道理,本书一般通过"生活事例——生活道理——教育道理——教育案例"这种内外结合、纵横交错的行文方式,实现"顺理成章"的阅读品质。

17.《用活动管理班级》

随着社会和教育的发展,我们对班级的认识也经历着一个相应的发展历程。班主任的角色定位与对班级性质的认识应该是相匹配的。班级活动作为班级功能主要的承载体,在功能、形式和内容上同样需要在新课程背景下重新定位。本书紧扣班主任专业化发展这一核心理念,从班主任实际工作需要出发,由案例导入理论问题,又理论联系实践,突出案例教学与活动的组织和设计;不仅贯彻教育部提出的针对性、实效性、创新性、操作性等原则,而且便于进行系统、有选择性的培训。

18.《学生奖惩艺术》

现在的学校普遍提倡激励教育,少用惩罚性处罚手段,认为处罚只能打击学生的自尊心,使学生丧失上进和改正缺点的动力。但是,激励不是万能的。教育不能没有处罚,没有处罚的教育是不完整的教育。本书针对教师如何奖励和处罚学生进行了系统而深入的分析和探讨,并提出了解决这一问题的新思路、可供实际操作的新方案,内容翔实,个案丰富,对中小学教师颇有启发意义。本书体例科学,内容生动活泼,语言简洁明快,针对性强,具有很强的系统性、实用性、实践性和指导性。

19.《永葆教育激情》

谁偷走了中小学教师的激情?生命中不能承受之重对教师起到了什么影响?教师职业倦怠的原因在哪里?克服倦怠的具体行动有哪些?如何正确认识和驾驭工作压力?……这些问题就是本书要为你回答的。本书对教师的职业倦怠进行了系统而深入的分析和探讨,并提出了解决这一问题的新思路、可供实际操作的新方案,内容翔实,教案丰富,对中小学教师颇有启发意义。

20.《超级班级管理法》

班级管理是门艺术,大凡艺术殿堂的攀登,都需要自觉的奉献;班级管理又是门科学,涉及科学领域的探索,必依赖智慧的涌动。本书是多位优秀班主任集思广益、辛勤笔耕的结晶。一是实用性,所选的问题都来自班主任的实际工作,容易引起班主任的同感。二是可操作性,提出的应对方法都简便易行。三是时代性,所选问题与当前课程改革,与学生实际相结合具有浓厚的时代气息。

由于时间、经验的关系,本书在编写等方面,必定存在不足和错误之处,衷心希望各界读者、一线教师及教育界人士批评指正。

编者

目 录
CONTENTS

第一章

班级活动概述

班级活动的内涵

　　班级是学校教育的细胞，班级活动是学校教育的重要组成部分。明确班级活动的内涵、特点和分类是成功设计和组织班级活动的重要保证。由于文化背景和历史传统的不同，中外班级活动存在很大的区别，这些差异为我们加强和改进班级活动提供启发和借鉴。根据不同的理念，班级活动的设计与组织表现出不同的功能和特点，而走向"共同体"的班级活动的设计与组织是其发展趋势。

　　认识是行动的先导。对班级活动内涵的正确认识无疑是设计与组织班级活动的前提。基于对班级活动的认识，可将其进行基于不同角度的分类。本节侧重阐述精神引领、学习促进、个性发展和社会适应四种类型班级活动的特点与功能。

一、班级活动的理论探讨

　　活动是人类特殊的存在方式，教育活动是实现个体社会化和社会个体化的根本途径，班级活动是教育活动的组成部分，是由成员集体参加的有计划、有目的、有组织的教育活动。对班级活动的理解有广义和狭义之分。广义的班级活动，指教育者为了实现一定的教育目的，组织班级全体成员参加的一切教育活动，包括班级课堂教学活动、课外活动、社会实践活动等。狭义的班级活动则是指在学科教学以外，教育者为了实现一定的教育目的，组织班级全体成员参加的教育活动，包括综合实践活动、课外活动或"第二课堂"等。本书中所探讨的就是这种狭义的班级活动。

　　班级活动是一个动态、开放的系统。它可以在校内开展，也可以在校外开展。在校内主要是由学校领导、教师、班干部等组织开展的活动；校外活动则是由学校领导、教师和校外教育机构组织负责人组织指导的，直接介入相关机构对学生进行教育的活动。班级活动可以分小组进行，也可以全班作为一个集体开展；可以由学校领导、教师发起和组织，也可以由学生和社会教育机构相关人员发起和组织。班级活动可以是计划内预设的，也可以是随着教育教学的进展而逐渐生成的。另外，班级活动还与学校的少先队活动、共青团活动，以及社团兴趣活动等共同组成学校课外活动组织体系。

　　班级是学生成长、发展的重要环境。个体要生存发展，必须适应社会，掌握生存技巧，实现个体的社会化。班级活动为学生获得思想启蒙，提高处事能力，学习待人之道提供场所和机会，使个体在班级活动中日趋成熟，为走进社会施展才华打下坚实的基础。积极向上的班级生活和丰富多彩的班级活动为促进学生的技能技巧、兴趣爱好发挥着积极的作用。学生在班级活动中促进其自我意识的发展和健康个性品质的形成，从而形成个体健全的人格。

不同时期不同类型的班级活动的组织与实施具有不同的特点，主要有以下几个方面。

（一）自主性

班级活动是在课堂教学之外进行的活动，组织者根据学校教育目标及教学的实际需要组织形式多样、内容丰富的活动。学生通过参与活动，展示自己的能力和成就，从而增强自信心，使自主性和创造性得到更充分的发挥。

（二）灵活性

班级活动的开展，可以根据学校教育教学的需要和实际情况，以及受教育者的身心发展状况等来确定。活动规模的大小、活动时间的长短、活动内容的设计、活动场地的选择等都可以灵活掌握，因地、因时制宜，没有固定模式。

（三）实践性

班级活动给每一个参与者提供了充分实践的机会。这些活动一般由学生自己动手设计和组织，学生的角色意识很强，教师只能参谋指导而不能包办代替。学生在自我设计、自行组织实践活动中，获得了知识，掌握了方法，获得了经验，提高了能力。

（四）差异性

学生是班级活动的主体。但每个学生的性格、志趣、爱好、智能各不相同，有的外向、开朗，有的内向、孤僻，有的学习成绩好，有的有文体才能。组织者要根据学生的个性特点，因材施教，使每个学生的潜能与特长都能得到充分的发挥。

二、班级活动的分类

班级活动丰富多彩，对其进行科学分类，一方面可以加深对班级活动的认识，另一方面可以为班主任有针对性地进行班级活动方案的设计与组织实施提供参考。根据不同的标准可以对班级活动进行不同的分类。

（一）根据活动地点分类：校内和校外班级活动

校内班级活动是指在学校中组织进行的班级活动，包括例行性班级活动、专题性班级活动和综合性班级活动。例行性班级活动又称班会，主要处理一些班务，引导全班同学对班级进行民主管理。在新学期开始时，班级需要通过班会制订或修改班级目标、工作计划、规章制度等。在遇有重大决定和行动时，召开班会，让全班同学讨论，统一他们的思想和认识。班委会轮换时，也要召开班会，如此等等。专题性活动是指根据学校的统一安排，或者学生的实际需要，以中心议题的形式开展的班级活动。其中的议题可以是针对某一普遍问题而对集体进行教育的活动，也可以是学习一定知识的活动，还可以是开发学生思维、发展学生想象的活动。综合性班级活动由一系列形式多样、具有不同目标、但却有一定相关性的活动组成。这类活动因其形式多样、内容丰富、娱乐性强，较受学生喜爱；且寓教于乐、潜移默化，不仅能取得很好的教育效果，还会加强集体成员间的情感交融，使集体形成积极向上的力量。

校外班级活动是指组织班级学生走出校门，为接触社会、了解社会、服务社会而开展的活动。组织校外班级活动，可以使学生更好地了解社会，受到思想品德教育，丰富健康情感，增强社会适应能力，促进学生的社会性发展。校外班级活动形式多样，可以开发各种社会资源，进行不同的活动，如：以了解社会为目的的社会调查、社会考察；以培养学生的劳动观为目的的勤工俭学、支农支工活动；以培养学生道德品质为目的的社区义务劳动、敬老爱幼、拥军优属活动；还有各种参观、瞻仰活动等。

（二）根据活动时间分类：常规性和即时性班级活动

常规性班级活动指那些周期性开展的活动，包括季节性活动和常规性活动。季节性活动是指在一年的特定时令、节日和纪念日开展的活动，如夏令营、冬令营、春游、秋游、清明扫墓、重阳登高、学雷锋日等。这些活动时间规律，年年重复，并且有一定的模式。常规性活动一般是在班会时间内进行的活动。

即时性班级活动是指，利用学生在学习、生活中遇到的偶发事件而迅速开展的活动。它往往是临时决定的，一般时间短，但针对性很强。这种活动会使学生产生强烈的情绪感受，印象深刻，效果往往很好。

（三）根据活动功能分类：精神引领、学习促进、个性发展、
　　　社会适应班级活动

根据班级活动的目标与功能，可将其分为精神引领类、学习促进类、个性发展类和社会适应类四种。本书关于班级活动设计与组织的分类秉承此种思路进行。下面就每一类别的具体内容及其功能做详尽论述。

1. 精神引领类班级活动

精神引领活动的主要目的是帮助学生形成积极健康的精神面貌，包括良好的道德品质、积极的思想感情、健康的心理素质等。比如，每年清明时节

组织学生到烈士陵园进行扫墓，可以对学生进行革命传统的熏陶和爱国主义教育；组织学生观看爱国主义教育电影等。这类活动着重让学生在过程中体验某种情感，在参与活动后更要表现出与这种情感相应的行为。以往在开展这一类活动时有几个误区：或者仅仅停留在对学生认识的形成上，而不管学生是否见之于行动；或者只注重一次活动的质量，而不注意学生行为的后效；或者走走形式，忽略学生思想品德方面实质性的发展等。首先，这些问题的存在与对该类活动性质的认识有关。杜威曾经指出："物体可以在空间运动，可以具体地传递，理想和渴望却无法整个地取出、插入。"精神活动离开个体的体验便不复存在。其次，不能为活动而活动。班级活动是教育的一种形式、一种手段，其目的是学生的发展。虽然活动具有分散、独立的性质，但班级教育目标却具有一致性。教育目标是班级活动的主线，贯穿于班级活动的始末。再次，组织班级活动不能急于求成，不能指望一次活动能实现很多目标。学生的发展是逐渐的、长期的，在一天天的生活、活动中慢慢实现的，教育目标也是伴随着学生的成长而逐渐达成的，"不能毕其功于一役"。班级活动不仅记载着个体精神成长的历程，也影响着他周围的人。

在班级活动中，学生可以直接走进自然，在"蓝天下的学校"尽情地享乐；或者间接地接触自然，认识孕育、哺育人类的自然。他们总是流连忘返于大自然的怀抱，或者在大自然面前表现出惊讶、喜悦，或者竟在梦中坐上"小小的船"……学生们就这样在班级活动中丰富着对自然的认识，理解着人与自然的内在关系。不但如此，学生们在欣赏着大自然的奇妙的同时，也生发着与自然的亲切感情，这份感情带领他们在以后的班级活动中、在自己的生活中关心大自然，考虑、探究自然问题，身体力行，用自己的一颗心保卫自然，做自然的一部分。

在班级活动中，学生在与同伴、老师、"他人"的交往合作中，学会尊重他人、关心他人，在走进社会的过程中，学会关心社会，服务社会，懂得对社会负责任。

班级活动是一面镜子，帮助学生们认清自己；班级活动是一瓶粘合剂，把大家的力量拧在了一起；班级活动是一盏明灯，给大家指出了理想的路径。青春的心激昂碰撞，风华正茂的学子斗志昂扬，他们在班级中积极进取，他们个个理想远大，他们要做世界的好公民。

2. 学习促进类班级活动

学习促进类活动侧重于学生对一定知识、技能、学习方法的获得与练习。如各种知识竞赛、演讲、科技创新、课题设计等，可以针对学科教学的内容，也可以针对日常生活中的问题，既有利于知识与方法的获得、保持，又可以增强学生独立探索的能力、合作的能力、解决问题的能力，还可以培养他们的社会责任感和产生解决问题后的成就感。

由于班级活动是在学科教学之外进行并完成一定的教育任务的活动，所以它除了本身对学生具有一定的发展价值之外，也是课堂教学的有益补充。

班级活动主要以学生的探索发现、自主创造为主，要求学生能够充分运用已掌握的知识，还要求学生能够对所学知识融会贯通、综合利用。此外，学生在班级活动中如何运用所学知识是在教师或其他教育者的指导之下进行的，这就更利于学生提高运用知识的效率，增加成功机会，获得成就感；也有利于学生养成科学、合理运用知识解决社会、生活问题的好习惯。学生在班级活动中不但可以综合利用所学知识，也可以获得一些新知识，如一些来自亲身体验所发现的知识。学生不但可以在班级活动中获得一些知识，运用所学知识，而且还可以在运用知识的过程中鉴别出各种知识的作用对象、适用范围，以及知识自身的有效性、正确性等。在运用知识和对知识进行多种对照中，学生可以发现自己已获得的哪些知识本身与事实不符、哪些知识是由于方法的错误或者理解的片面而产生谬误、哪些知识由于提供者疏忽而导致错误等，这些问题都可以在班级活动中得以发现和改正。

活动中，学生不但目睹了新知识的产生，体验了运用已有知识的快乐，分享了合作的愉悦，也在不知不觉中掌握了适合于自己学习的方法与技能。比如，通过社会调查、手工制作、小发明等活动，学生可以把理论知识运用到实践中去，并在实践中探索方法、提高能力。班级活动还可以促进学生学习情感、态度的形成。

班级活动不但为个体知识的获得提供了机会，也为个体之间、班级与班级之间、班级与社会之间进行知识交流提供了一个平台。在班级活动中，个体与个体之间进行知识碰撞是经常发生的事。两人相互交换苹果，每人拥有的还是原来的数目，但两人如果交流同样多的观点，则每人获得的就会是原来的两倍。另外，在班级之间、班级与社会之间进行的活动中，学生们可以把知识传向其他个人或者群体，这样，就可以在更大的范围内将知识普及化。与此同时，在班级活动的触角伸向社会的时候，学生们也从社会获得知识。另外，学生之间也可以进行知识学习上的相互促进，这也是一种社会化的学习方式。

3. 个性发展类班级活动

个性发展类活动主要是为了让每个学生充分展示自己特长、挖掘自己潜力、发挥自己优势而开展的一些活动。学生在这类活动中可以充分表现自己，发出自己的"光亮"。不同的个体具有不同的特点、不同的优势。在展示了自己的优势的时候，学生会体验到成功的喜悦；在看到了别的同学的长处时，会自觉向他们学习。学生在活动中加深了对自己、对同伴的认识，也为老师了解他们打开了一个"窗口"。班级活动跟学科教学最大的不同在于它不强求一致（包括目标、行为、形式等方面），而是倡导学生自主参与，因此能够促进学生个性的发展。

在班级活动中，需要学生全身心地投入和直接地参与，这样学生就可以敞开心扉表达自己的感情和感想，直抒胸臆。在一次主题班会上，当进行到"我为父母做什么"这一环节，学生们都说出了自己内心的想法："倒一杯热茶；捶一捶肩膀；问候一声，少惹大人生气；做一次饭，做一次家务；节日里送上祝福……"班级活动为学生感情打开"出口"的同时也在促进着学生个性的发展。

班级活动要求学生相互合作，在合作中完成共同任务，体验各种乐趣。这就需要每个学生学会肯定和接纳其他班级成员，否则活动就无法进行。不仅如此，有些班级活动本身就是以学生"学会赞美他人"为主题的。在共同的合作中，学生们借着活动表达自己的感情，提升自己的道德水准。另外，班级活动中，学生在获得他人认可的同时也获得自尊。通过班级活动，每个学生都展示着自己的优势和长处，在赞美别人的时候也被别人肯定。在一次次的成就喜悦中，在集体温馨而安全的怀抱中，个体获得了自尊，并把这种自尊上升为一种集体荣誉，既包括对他人自尊的尊重，也包括一种国家、民族自尊。

在班级活动中，学生可以自由、自愿、自主地选择一定的责任，并承担责任的后果。学生可以单独承担责任，也可以合作承担责任，这是由于存在不同的选择。出色地完成任务会给学生带来莫大的成就感，而任务完成不理想则可以促进学生反思和改进。而且更为重要的是，学生在选择和完成任务的过程中，获得了权利意识，形成了责任观念。这为他们的社会化打下了坚实的基础。在班级活动中，学生通过同伴、老师获得对自己的认识；在与大家的合作中，了解自己的不足与长处；在展示自我的同时，改进自己的缺点。班级活动帮助每一个学生正确地认识自己，得到同伴与老师的积极肯定，这些正是自我悦纳的来源。

4. 社会适应类班级活动

社会适应类活动着重让学生习得社会生活必要的规范、技巧，以及生活所需的基本智慧，让学生能够智慧地生活。这类活动既包括学生基本生活习惯的养成，也包括社会实践能力的提高，还包括介入社会政治、经济、文化所需的基本素质的形成。学生是在社会中生活着的人，必需的生活技巧、生存技能、权利意识、义务观念是美好生活的重要保障。班级开展社会适应类活动可以帮助每个学生很好地总结和掌握一些社会规范、生存技巧，了解社会与人生，训练并生成生活智慧，为以后步入社会做好准备。

在班级活动中，学生认识社会有两种方式。一种是走入社会，直接认识社会。有许多班级活动是直接与实际社会生活相连的。学生在与社会直接的接触中获得了对社会的一些认识，体验了社会与个体的关系。另一种是间接认识社会。比如说，在一次班会上，有同学向大家介绍交通规则："一要是要讲公德，守法规，听指挥。九不准是不准骑车带人；不准骑快车、走快车道；不准骑车闯红灯；不准抢行猛拐；不准骑车扶肩并行、追逐竞驶；不准乱穿马路、跳跨护栏；不准在马路上追跑打闹；不准在马路上围观起哄……"在班级活动中，类似的机会有许多，这都可以帮助学生很好地认识社会。

认识社会最终是为了融入社会，了解社会。在参与或者认识的过程中，学生们会习得并遵守一些社会规范，这是他们社会化的必经途径之一。

交往是适应现代社会的一项基本要求，是学校教育的重要目标之一。在学校生活中，个人与个人之间、个人与集体之间、集体与集体之间都要进行不同程度的交往，这就要求学生要学会交往，掌握交往的一些基本的技能和技巧。班级活动为学生交往能力的发展提供了一个很好的平台，是学生学会交往的重要渠道之一。

班级活动中有一部分是以"服务社会"为主题的，这些活动主要是为了让学生直接参与社会服务，体会服务社会的意义。学生在参加一些力所能及的活动的过程中，不但可以获得成就感，发现自己的价值，还能够认识到社会需要他们，也能体会到服务社会后的成就和喜悦。

中外班级活动概况及比较

由于文化背景的差异，中外班级活动存在着较大的不同。这些不同可以通过中外班级活动的类型、内容、组织方式、效果等方面表现出来。通过对中外班级活动的分析和比较，对我们认识和组织设计班级活动具有重要的借鉴意义。根据本书对班级活动的界定，班级活动的外延包括课外活动与综合实践活动两部分，下面分别加以简要说明。

一、我国班级活动概况

通过积极向国外发达国家学习和努力探索教育发展的基本规律，班级活动已在我国教育中占据重要位置，其作用已被充分肯定。在新世纪伊始的基础教育课程改革中通过政府文件明确提出的综合实践活动的要求，赋予班级活动重要的意义。

（一）我国的课外活动

一般来说，我国中小学课外活动来源于学生的需要、兴趣、爱好、特长，社会现实生活，学科知识等方面，其内容包括：①观察自然事物和现象，了解科学常识，如观察水、雨、雪、气、电、植物、动物等；②分析地方历史、地理；③了解社会事务，参与社会事务活动，如组织学生进行社会交往活动、经济管理活动等；④开展科学小实验活动，培养研究意识和发现能力；⑤培养实际操作能力的活动，如学校内的儿童家政活动，各种手工制作活动等；⑥培养音乐、美术、健身兴趣和特长的活动；⑦认识自我，接纳自我的活动；⑧尊重他人，与他人共处的活动等。这些活动中，有些可以固定在某一时段中持续进行，有些视教学需要随时设计；有些以主题系列进行，有些则单独进行；有些集体完成，有些小组合作进行，有些个体单独完成；有些在校内进行，有些则在家庭或社区进行；有些按内容系列进行，有些按时间序列进行；等等。

（二）我国的综合实践活动

随着社会科技的迅猛发展，知识体系不断出现新的分化与综合的趋势，为了解决有限的学习时间和知识数量的无限增加之间的矛盾，"综合学习"这种模式越来越受到关注。"综合学习"的提倡不仅对于学科知识学习，而且对于班级活动的经验及体验学习的深化也起到了良好的促进作用。

综合实践活动是在教师的引导下学生自主进行的一种批判性、反思性、研究性的实践活动。综合实践活动与以知识信息的接受为主的学习活动具有本质区别，它强调学生从做中学，通过课题研究性学习、社会参与性学习、体验性学习和实践性学习，改变学生在教育中的生活方式或存在方式。因此，综合实践活动具有实践性、综合性、开放性、生成性、自主性等特点。其目标在于帮助学生发展以探究能力为核心的一般思维能力，形成综合实践能力，增强社会责任感以及培养良好的情感和态度。其类型一般有以下几种：

1. 课题探究的研究性学习活动

课题探究的研究性学习活动即模仿或遵循科学研究的一般过程，选择一定的课题，通过调查、测量、文献资料搜集等手段，收集大量的研究资料或事实资料，运用实验、实证等研究方法，对课题展开研究，解决问题，并撰写研究报告或研究论文。研究课题的选择与确定，通常要反映学生的生活背景和兴趣，以及特定的文化传统、自然资源状况等。

2. 实际应用的设计性学习活动

实际应用的设计性学习活动要求学生在综合应用所学的各科知识和技能

的基础上，进行问题解决的实际操作。设计学习包括设计一种产品、一项服务，并创造出实施的方法，如设计学校的草坪、设计班级形象宣传画、设计一个学生俱乐部组织体系、设计一个雕塑方案、设计一套校服、设计一个学校班级管理系统等；改进某一系统，排除系统障碍；计划和组织一项活动，对活动所需要的各方面因素进行整体的规划和设计，如设计采访活动、对政府官员的访问活动。设计学习更强调操作性和针对性，更注重使学生获得解决实际问题的技能。

3. 以社会考察为主的体验性学习活动

这类活动以丰富学生的社会阅历、生活积累和文化积累为目标。参观、考察、访问是体验性学习的基本活动方式。社会考察、参观和访问的内容一般涉及本地区的历史和文化遗产、现实的社会生活和生产方式等。

4. 社会参与的实践性学习

社会参与的实践性学习即要求学生参与到一般的社会实践活动领域之中，成为某一社会活动中的一员，进行实际的生产活动。社会参与的实践性学习的根本特征是学生亲身参与社会实践活动。社会参与的实践性学习有利于使学生通过一般性实践，获得对他人、对社会的价值实现感。社会参与的实践性学习活动方式一般包括社区服务活动、公益活动和生产劳动三种方式。

我国综合实践活动基本保证每周 3 个小时的活动时间，一般围绕学生与自然的关系，学生与他人的关系，以及学生与自我的关系三条线索进行。这充分体现了对班级活动价值的认识和对学生主体价值的认识。

二、国外班级活动概况

班级活动作为一种重要的教育方式和途径，世界各国中小学都几无例外地采用。比如，美国中小学开展自然与社会研究、设计学习、社会参与性学习等活动。加拿大温哥华教育部门为中小学推荐了五大类几十种参观场。澳大利亚的一般学校都有广阔的运动场地，每周六学校不上课，但大多数学生都来参加学校组织的丰富多彩的体育比赛和训练活动。日本中小学班级活动同样丰富，有各种典礼、文学比赛、展览会、运动会、旅行、保健教育、安全教育等。尽管各国教育的实际情况有较大差异，但对班级活动的重视却是相同的。

（一）国外的综合实践活动

20 世纪以来，许多国家，如美国、英国、澳大利亚、日本、挪威、法国等在基础教育课程改革中，都注重开设综合实践活动类的课程，但这种课程在各国的课程标准中的称谓各不相同。班级活动在各国教育政策中被确定下来，获得了与学科教学同等的地位，这充分反映了各国对班级活动的教育作用的认识。

1. 美国的综合实践活动

在美国各州的课程标准中，没有统一的"综合实践活动"这一名称，但各州都设计了具体的、不同类型的综合实践活动，主要有：

（1）自然与社会研究。"科学·技术·社会"是美国中学教育中具有综合性和实践性的活动，它包括"自然探究"、"社会科"或"社会学习"等方面。自然探究或社会科的基本活动方式是主题探究式的，从自然现象、社会经济、政治、文化、环境、职业等领域确定不同的主题，通过调查研究和问题研讨的方式学习。这样一方面可以培养学生的探究能力，另一方面也可以增强学生的实践能力，培养学生的科学精神，以及社会责任感。

（2）设计学习。这是一门应用性活动，与课题式的研究性学习相比较，设计学习更强调学生的自主设计和实践操作，如综合艺术设计、应用设计、产品设计、活动方案设计等，强调对生活中的现实问题的解决。

（3）社会参与性学习。社会参与性学习的重点在于通过开展各种社会参与性的活动，如社区服务（包括参与养老院活动、社会公益性活动等）、社会调查、考察与访问（包括访问政府首脑或地方政府官员等），使学生参与到社会生活各领域，接触社会现实。社会参与性学习常常体现不同地方的历史文化传统、社会生活方式和发展状况。

2. 英法的综合实践活动

英国国家课程标准关于综合实践课程的设计与美国各州的设计有相似之处，主要集中在社会研究和设计学习等方面。英国中小学的社会研究围绕公民的形成，以及政治、精神、道德、社会或文化问题来设计主题。设计学习则主要包括综合艺术设计、信息与交流技术等。

法国课程标准中设计了一类"综合学习"课程，其基本规范表现在两个方面：一是综合学习需要跨两门或两门以上学科领域，要求综合运用多学科的知识和技能；二是综合学习的活动方式应是多样的，涉及接受、探究、应用等基本活动方式。

3. 日本的综合实践活动

20世纪80年代以来，日本中小学课程中一直有一类课程——"特别活动"，一般包括学校传统活动、学生活动和班级指导活动三个方面。由于"特别活动"与社会现实生活的联系不够紧密，还不能完全满足学生发展的需要，日本文部省在1998年12月和1999年3月颁布的《学习指导纲要》中增设了"综合学习时间"。这使得日本中小学课程结构变成了由"必修学科"、"道德"、"特别活动"和"综合学习时间"构成的四个板块。

"综合学习时间"重视学生的兴趣和爱好，致力于使学生形成主动开展问题解决式学习和探究学习的态度，引导学生掌握科学的学习方法和思考方法，要求采取"综合体验性学习"和"课题研究性学习"等不同方式。"体验学习"和"课题研究"成为中小学生在"综合学习时间"课程中最根本的学习活动方式。"综合学习时间"要求学生通过理解、体验、感悟和探究自然、社会，形成社会实践能力和社会责任感。

（二）国外班级活动涉及的领域

国外中小学班级活动内容丰富，形式多样，按照不同的类型可以将其涉及的领域进行大概的归纳，以便为我们开展班级活动提供一些参考。

1. 主题探究或课题研究的领域

主题探究是以学生感兴趣的问题或主题为中心，遵循科学研究最基本的规范和步骤展开的研究性学习活动。课题研究学习与设计学习具有内在的联系，学生通过对有关问题的研究，提出解决问题的方案或策略，如关于环境保护方面的课题研究学习，学生一般都要提出解决有关环境问题的对策。主题探究所涉及的问题领域包括以下几个方面。

（1）自然问题研究。自然问题研究领域十分广泛，如表所示，主要涉及对与人的存在环境相关的自然事物或现象的探究。该领域的研究核心是与人的现实生活相关的自然环境，如水资源、植被、能源、环境生命科学等方面。美国爱阿华州东南初中的课程设计中，要求学生涉及的自然探究领域相当宽泛，涉及环境生命科学、运动物理、应用化学等领域。日本宫城教育大学附属中学在1998年4月开始实施"课题研究学习"，规定设计"现实生活的环境"、"国际理解教育"、"信息"、"健康"四个领域，其中"现实生活的环境"是"课题研究学习"的主要领域。

表 国外中小学生的自然探究领域及问题

自然探究领域	问题举例
粮食资源	粮食生产、农业、耕地保护
人口与生存	地区、国家或世界人口增长、移民、承载能力、建筑
空气质量与大气	酸雨、汽车尾气与空气污染、臭氧层衰竭、地球变暖
水资源	废水处理、河口或港湾、水供应与分配、地下水污染
战争技术	神经错乱性毒气、核发展、核武器威胁
土地使用	水土流失、开垦、城市发展、森林砍伐、盐碱化

自然探究领域	问题举例
能源短缺	合成燃料、太阳能、化石燃料
有害物资	废物垃圾处理、有毒物品及其预防
植物	城市植被与绿化、植物多样性遗传与保护
动物	野生动物保护、动物特征研究
人类健康和疾病	传染和非传染疾病、噪声与健康、饮食与营养、精神健康

（2）社会问题研究。社会问题研究是各国中小学研究学习活动的基本内容，它涉及社会或社区的历史变迁，社区文化（如文化传统、风土人情的考察与探讨），社会的经济问题（如证券与股票、产业结构研究等），社会政治（如美国各州的社会研究课大多设有"美国政府"、"美国民族"等研究学习的课题），科学、技术与社会的探究，个人、群体与制度的探究等领域。社会研究领域是围绕社会现实生活来展开的，这些活动领域与具有社会责任感、有见识的公民的形成直接相关。国外中小学生的社会探究领域如表所示。

表　国外中小学生的社会探究领域及问题

社会探究领域		问题举例
历史探讨	社区和乡土历史	社区或故乡的地理变迁、历史考察
	民族和国家历史	国家与民族的形成（我的祖国）、重大历史事件研究
经济探讨	产业	社区产业结构、新兴产业设计与开发、旅游业、生物农业、产业的竞争力、IT产业
	市场	证券与股票、电子商务、市场开发策略
	职业	性别与职业、职业的适应性、职业设计与选择
政治探讨	政府	政府结构调整、军事策略、国际关系
	民主制度	儿童利益、妇女问题、少数民族、新闻传媒与批评、法律、什么人能当总统、选举与生活
	决策	历史上的决策反思、战争问题
文化探讨	民族文化	饮食文化研究、黑人音乐与经济、黑人音乐与政治、今天的印第安人文化、信仰、古代建筑、现代建筑艺术、文化遗产遗址研究
	文化交流	外国文化问题、理解外国（国际理解）

社会探究领域		问题举例
社会危机探讨	政治危机	政治家丑闻、种族歧视、避免战争、地球村
	经济危机	经济萧条、失业问题、股市星期五
	生存危机	毒品问题、环境保护、Aids预防、堕胎、校园暴力

2. 社会实践活动

社会实践活动的基本特征是社会参与性，即学生作为社会成员参与到整个社会生活之中，参与到社会政治生活、经济生活、文化生活中去。其途径主要有社会服务活动、社会考察活动、社会公益活动等。

（1）社会服务活动。社会服务活动通常包括社区服务、学校服务、老人服务、育幼服务、交通服务、生活纠察服务、环保服务、助残服务等。如美国宾夕法尼亚州南米德尔顿学区规定了学区内各中小学一系列的学校服务、社区服务的活动，并纳入课程规划日历中。

（2）社会考察活动。社会考察具有社会调查的功能，一些国家的课程标准把社会考察活动作为"综合性体验学习"，学生通过考察来接触社会、了解社会。如就社区或地方历史演进、环境保护问题、校园暴力问题的现状及政策进行研究性的考察，从而了解政府对社会或社区发展的战略、政策等。社会考察活动有专题考察，也有综合考察。

（3）社会公益活动。社会公益活动有两种方式，即学校组织学生团体活动和学生个人活动。美国中小学的社会公益活动一般由学区制定基本标准，由学校组织实施，如养老院公益活动、为非洲灾民募捐活动等，以培养学生的同情心、社会责任感和义务感。

3. 生活学习

生活学习一直是国外中小学班级活动设计的基本领域之一，生活学习是与学生生活能力、适应能力相关联的实践性活动。在国外中小学活动设计与实施中，生活学习的领域包括以下两个方面：

（1）生活技能的训练活动。美国学校教育从幼儿园开始，一直到高中，都设计了程度不同的生活技能的实践活动。小学中低年级的生活学习中有食品制作、缝纫、简单手工等活动，5—9年级学生（小学高年级和初中阶段）的生活学习涉及家政管理等领域的内容，如家庭理财、家庭投资、家庭生活、文化设计等活动，以及环境适应活动，如野外生存。

（2）生活科技与创造活动。为了增进学生在科技社会中生活调适、价值判断、问题解决和创造思考的基本能力，以及勤劳、合作、乐于服务的态度，国外中小学开设了生活中的科技运用、设计与创造活动，如服装设计、居室装饰设计、生活建筑设计等活动。此类活动并非完全是技艺性的，其中包含着复杂的价值观问题，需要学生在设计与创造中进行价值判断。

三、中外班级活动比较

中外班级活动尽管都比较复杂，但我们可以将中国及外国，尤其是西方发达国家的班级活动进行简要的比较，以便为我国班级活动的开展提供参照。

（一）教育理念的不同

中外班级活动中教育理念的不同主要表现在：我国的班级活动长期以来深受苏联马卡连柯、苏霍姆林斯基等集体主义的教育思想的影响，所依据的是"社会本位"的教育理念，更多从社会的角度出发，强调集体的利益，强调个体对规则的服从和遵守，以社会的要求来衡量个体的成长，突出对个体的社会适应能力的培养。而西方国家的班级活动则主要受卢梭的自然主义、杜威的进步主义等"个体本位"的教育思想的影响，强调个人的能动性与首创性，重视个体的意愿和尊严，关注个体价值的实现，主张"社会是铸模，个体是金子"，社会规则和社会条件只具有服务个体发展的价值。

（二）活动内容的不同

我国班级活动主要以爱国主义、集体主义、社会主义教育内容为主旨，渗透着"五爱"教育的思想。强调班级活动的辅助性质，强调班级活动的工具价值，班级活动往往成为党和政府社会政治活动的窗口和平台，体现教育为社会主义政治服务，教育与生产劳动相结合的性质。西方国家的班级活动则是以个体主义教育内容为主旨，更多地关注学生个体的成长与发展，以学生的兴趣和爱好为出发点，强调学生个体价值的实现，强调个体基础之上的团队合作精神的培养，活动内容多以学生对社会生活的参与为源泉，强调个体对社会的改造。

（三）活动方式的不同

中外班级活动的理念和内容的不同，决定了班级活动方式的大相径庭。我国班级活动的形式多以校内活动为主，多以小组、班级为单位组织进行，文艺表演和体育竞赛类活动占主导地位，强调活动方式的健康性、正面性和教育性，注重活动对学生的安全保障，活动方式的领域和范围相对较窄。而国外班级活动的形式多以社区为主，以团队形式深入到社区的各个层面，关注社会发展、环境生态等问题，鼓励个体的冒险精神，倡导团队之中个体的互助与合作，活动方式不拘一格，多种多样。

（四）活动效果的不同

不同的活动方式必然产生不同的活动效果。我国班级活动的性质和内容促进了学生的社会化过程，提高了学生的集体主义观念，培养了社会主义建设者和接班人。而西方由于倡导个人本位的价值取向，班级活动培养了注重个体生活质量、关心社会发展、参与社会生活、具有社会批判精神的公民。

（五）社会关注的不同

我国班级活动主要由学校安排，以服务于学生的知识学习为目的，强调师生在校内的互动与协作，直接参与社会问题解决的机会较少。除了部分活动需要家长的配合之外，社会阶层对班级活动的关注度远远不够。而西方国家的班级活动则以培养小公民为主要目的，多在开放的环境之中开展，社会生活的参与和社会问题的解决是其主要依托，因此他们与社会阶层的合作比较密切，整个社会对班级活动的关注度较高。

综上所述，西方发达国家中小学生的班级活动与我国中小学生的班级活动由于受不同文化与不同教育理念的影响而各具特色，我们应该从我国基础教育的实践出发虚心学习外国的优点，而不是照搬照抄，简单套用，为培养我国社会主义建设人才服务。

班级活动发展远景

班级活动为学生提高"处事"能力，学习"待人"之道，获得"思想"启蒙提供场所和机会，为儿童走进社会打下坚实的基础。丰富多彩的班级活动，积极向上的班级风气，情趣盎然的班级氛围，励精图治的班级精神为学生兴趣爱好的养成、能力的提高搭建舞台。学生正是在班级活动中自我意识得以觉醒，集体意识得以发展，文化素质得以提高，个性品质得以养成。以往有关班级活动的设计与组织遵循苏联马卡连科的集体主义教育思想，忽视了学生个性才能的多方面发展，已经落后于时代的要求。

一、班级活动设计与组织的不同理念

词典上对"个体"的解释是"单个的人或生物"，与"个体"关系最直接的词一个是"个人"（跟"集体"相对；自称，我），另一个是"个性"（在一定的社会条件和教育影响下形成的一个人的比较固定的特性）。在崇拜集体的东方文化中一般认为一切个性都是有条件的、暂时的，所以是相对的。而在崇尚个体的西方文化中认为个体是永恒的，是绝对的，是无条件的。对人的理解，恰是班级活动设计与组织的起点。

在教育条件下，孩子首先是作为个体而存在的。从新生报道的第一天起，孩子成为集体中的一员，鲜活而充满个性，是班级活动把一个个独立的"圆环"套到一起，将其变成"同心圆"。

班级是从教学的角度设立的组织，与"个别教学"相对，是把年龄和知识水平相近的、有共同学习任务的学生编制成固定人数的群体。形成伊始，班级还是一个结构松散的"结合体"，孩子们在其中展现着个性，憧憬着未来，放飞着理想。他们的背后是家长们热切的目光和社会殷切的期望。此时的班级活动设计主要围绕学生适应环境展开，组织难度较大，其特点表现在以下三个方面：①在松散的班级氛围中，学生身上的"田野气息"在相对自由的空气中得以展现；②在新颖的学习环境里，学生的自然秉性逐渐地向组织状态的社会性转化；③在充满智慧的校园文化中，学生理性的幼芽生出一抹新绿，生活习惯向新的组织规范靠拢。这种以松散的"结合体"形态为特征的班级活动的设计与组织透射出"原始民主"的理念。

随着学生对新规范的逐渐认同，班级由组织松散的"结合体"变成组织严密的"聚合体"。此时，班级成员围绕班主任，主要以学习成绩为标尺分化为"干部"和"群众"，以纪律约束为首的班级规范发挥着愈加重要的作用。此时的班级活动的设计与组织紧扣学校教育教学计划，呈现出以下特点：首先，有利于班级成员集体意识的形成和班级荣誉感的产生，这是学生个体社会化的重要机制；其次，有利于班级的组织管理，政令畅通，上情下达；最后，有利于将集体的力量发挥到最大限度，实现个人所不能实现的目的。但是，这种设计与组织形态往往导致管理者的集权化和专制的产生，导致同学之间的等级制和阶层制的出现，损害了教育的公平与公正；个人的积极性被挫伤，个性被湮没。然而，出于"趋利避害"的本能，人们普遍不愿放弃既得的利益，这就容易产生小利益集团，导致"集体的自私"，造成领导核心的绝对权威，形成家长制。这种"训练儿童温顺和服从，小心地完成被强迫去做工作的传统教育形式是适合于一个专制社会的"。在这种活动中，成员由于没有个体的自由空间而导致"熵死"，必将使活动失去活力。其特点决定了它的适用范围的有限性和适用时间的短暂性。然而，现有的班级活动却令人遗憾地将这种组织形态诉诸常规，其结果导致了校园内司空见惯的学生个性被压抑，创造性被泯灭，教师专横跋扈，师生关系紧张等现象。正如杜威所指出的："很多势力教育一些人成为主人，却教育另一些人成为奴隶。"殊不知，这一切皆源于这种不合理的组织结构。这种组织严密的"聚合体"式的班级活动折射着"酋长专制"的理念。

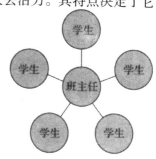

"原始民主"理念的班级活动设计与组织

班级活动设计与组织远不能止步于组织严密的

"聚合体"阶段，而应该走向"多元一体"的"共同体"。从社会学的角度来看，"共同体"要求成员以缴税的方式拿出一小部分利益交与管理者，形成社会契约，以保证个人利益的最大化。成员在班级活动中，既有共同的目标以及必须共同遵守的纪律和规则，又有相对自由的属于个体的发展空间，有利于民主观念的养成，有利于个人积极性的发挥，利益一致，分工明确，责权清晰。这种理念指导下的活动形式易于形成稳定、和谐的群体秩序，有利于"共同体"成员利益目标的实现。以"共同体"为理念的班级活动具有三个特点：首先，它是尊重"差异"的共同体活动。其次，它是多元、多层的共同体活动。成员之间共享关爱、共享活动、共享知识、共享伦理，而不仅仅是学习的对子，生活的伙伴。最后，它是顺应时代发展、与时俱进、不断充实和完善的共同体活动。学生在这种活动中成长，既有利于个性魅力的展示，人格品质的提升，又有利于合作精神的培养，集体意识的形成。这种走向"共同体"的班级活动的设计与组织体现了"现代性的民主"理念。

"酋长专制"理念的班级活动设计与组织

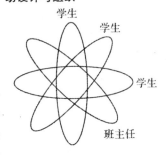

"现代民主"理念的班级活动设计与组织

二、班级活动发展的不同阶段

班级活动设计与组织的三种理念既有联系，又有区别，表现在班级活动不同的发展阶段。班级活动的形成和发展是一个复杂的过程，了解和把握其规律和特点对于促进班级建设和实现学生全面发展具有重要的理论与实践意义。一般来说，与三种理念相对应的班级活动的形成发展可分为三个阶段。

（一）"原始民主"理念——班级活动的初创阶段

新学年伊始，数十个来自不同背景的学生为了共同的目标集聚一堂，陌生的老师和同学、强烈的新鲜感、浓厚的好奇心使学生们对即将开始的生活充满憧憬。这时的学生怀揣着自己的想法坐在同一个班里等待着集体生活的开始。班主任的出现使松散的群体有了"头儿"，她（他）在自我介绍之后开始履行职责，发号施令，组织班委，任命干部，分配角色，布置工作，提出要求，督促学生行动，这是班级活动的初创时期。学生开始由过去的生活方式向新的方式转变。有经验的班主任在抓紧时间全面了解学生、培养积极分子的同时和大家一起学习学校的规章制度，指导学生开展活动，增进了解，促进交往，提高班级的吸引力，为下一步的建设做好准备。在此阶段，占主导地位的班级就如同是"原始民主"。

（二）"酋长专制"理念——班级活动的发展阶段

从班主任的"专治"（专门治理）到班委会的组织管理是这一阶段的特点，"家长制（班主任是'家园'里天然的家长）"或"家族制（班主任及其'亲信'组成的领导班子）"是这一阶段的产物。

一般是在开学数周之后，同学之间逐渐熟悉，大家的个性不断表露，各种能力随之呈现。随着交往活动深入开展，同学友情开始形成，具有"领袖才能"的人脱颖而出，受到大家的瞩目，班级骨干力量日趋明显，并成长为中坚力量。在班主任的指导下，通过征求大家的意见，将具有指挥才能而又热心为集体服务的学生选入班委会组成班集体的领导核心。班集体"舰队"起航了。此时的班级活动的设计与组织主要是为了增强班级的凝聚力，形成良好的班风，将班级的奋斗目标与行为规范内化为学生自觉自愿的行为动机。

（三）"现代民主"理念——班级活动的高级阶段

这时期班主任在设计与组织班级活动中逐步从直接指挥班级活动的状态中解脱出来，放手发动群众，创建民主机制，鼓励全班学生积极关心班级事物，踊跃参加班级活动，实行"执政"和"在野""两班制"的施政和监督管理机制，由通过"竞选""上台"的班委会组织设计班级活动，并使他们知晓自己是民主选举胜出的代表，和全班同学一起修订班规，调整政策，维护集体的利益，尽最大的才智和热情为同学们服务。班主任的作用也从台前转变到幕后，从直接转变到间接，最后形成民主的班级管理体制，真正实现"管是为了不管"，"育是为了不育"。

走向"共同体"的班级活动设计与组织的特征主要有：第一，民主意识的形成。要使班级成员明了，自己的事情自己做主，集体的事情大家做主，民主的机制要从班级活动创立，民主的理念要落实到学生身上。第二，共同体的价值导向。为共同体中的每一个成员设计个性发展的蓝图，在共同体目标的旗帜下为成员预留最大的自由发展空间，使每一个成员都能在共同体中看到自己的坐标，真正体验到自己的价值。第三，每个同学在班级共同体活动中都能找到自己的位置，开拓自己的领域，扮演自己喜欢的角色，实现自己的梦想。第四，在充分酝酿、讨论的基础上将班级共同体活动的目标、规范、价值标准化作每个成员的行动指南，使他们都能在共同体期望的基础上对自己提出自我教育的内容和标准，并且自觉自愿地严格执行。第五，创建整个班级的民主氛围,激发每个人上进的动机,为每个人提供展现自我的舞台,使每个人的梦想都有实现的可能。总之,班级共同体活动的设计与组织是班级活动发展的高级阶段,而这个阶段的形成和完善是不断变化的过程。在这个阶段,班主任的作用逐渐由核心位移到边沿。班主任的存在也由主宰转到主导,直到成为班级共同体活动中的普通一员,成为名副其实的同学们的服务者。通过这样的班级活动,班级的民主制度得以创立,学生成"人"的基础得以奠定,一个人人参与、人人负责、人人实干的良好班级建成了。

三、走向"共同体"的班级活动

"共同体"班级活动意味着"在异质人们的共同体相互交流的空间里"寻求建设的基础,"构筑有助于民主主义发展的实践的文化的共同体"。这一共同体活动无论从形式到内容、从理念到实践,都跟前两个阶段截然不同。它既有第一阶段中向学生的自然天性复归的趋势,又有对第二个阶段中所谓集体优势的超越和提升。

共同体的班级活动的作用主要有以下几个方面:

1. 促进学生的道德判断发展

这是共同体的班级活动的主要目标,要求学校建立积极的道德环境,培养学生关于集体、公正、秩序等方面的观念。班级和学校的道德环境是道德教育的关键所在。共同体的班级活动向学生提供承担各种角色的机会,激发学生对民主和集体的理解和向往。

2. 通过民主参与培养学生的集体感

要达到教育的目的,就必须提倡学生的民主参与。民主参与是集体意识的表现,它能给学生提供更多承担角色的机会和较高的道德判断水准,通过民主决定公正解决实际问题,促进学生的道德行为的发展。共同体的班级活动建立了一种民主参与制度解决班级实际问题,要求同学之间相互关心,具有集体责任感。这种活动有利于学生公民意识发展。"教育不仅具有传播民主政治的功能,而且具有创造民主政治的功能。"班级活动既是民主的"实验田",又是民主的"播种机"。民主参与是达到教育目的的有效手段,只有学生能够独立做出有实际意义的决定,他们才能感到自己是学校的真正主人。

3. 实现道德责任

共同体的班级活动对学生现实生活的行为要求更加严格,通过赋予学生一种集体的民主权利意识,加强了他们的道德责任感,使他们力图达到行使权利与履行义务的统一。共同体的班级活动努力创造条件来实现学生的道德责任。学生有责任维护自己达成的规则和纪律,有责任从集体利益的角度对现实生活中的问题做出判断并躬行践履。实践证明，共同体的班级活动中的学生愿意以"我们"的思维模式考虑集体事务及其规章制度，对班级乃至学校的集体利益表现出更大的责任心。

公正团体法是美国道德教育家柯尔伯格于20世纪70年代在实验基础上提出来的一种班级活动设计与组织的形式。此形式正是笔者所探究的共同体的班级活动的最好注脚。其内容是通过学生和老师的民主参与活动，创造一种公正的集体氛围，以促进成员的个性发展。组织结构与任务见表。

表　公正团体活动的组织结构与任务

机　构	成　员	任　务
议事委员会	8~10名学生 1~2名教师	选择问题，制定议事规程
顾问小组	1名教师 8~10名学生	使大家畅所欲言，就议事委员会制定的道德问题开展讨论
集体会议	全体师生	讨论解决问题，制定规则，上诉违纪事件
纪律委员会	5~7名学生 1~2名教师	听取违纪事件和人际非礼问题，决定奖惩，促进人际理解

共同体的班级活动的人数一般在30~50人之间，再加4~5名该班任课教师（含班主任）。主要活动是每周一次的集体会议，时间约为两节课，内容包括制定有关的规则和纪律，计划集体活动和政策，处理违纪事件。其核心思想是民主参与和民主决策。无论是教师还是学生，大家对问题的表决都是每人一票。对会议要涉及的问题，顾问小组一般要先进行审议，杜绝权威或官僚主义的解决方式。纪律委员会一般是劝告和引导违纪者以后要遵守纪律，只有在确认合适的情况下，才能给予惩罚。如果谁对惩罚不服，可向更高的集体会议申诉。这种基于"共享关爱、共享活动、共享知识、共享伦理的'社会行为'（social action）的沟通正是催生'共同体'、'民主主义'的基础"。在具体操作过程中，公正团体方案可根据具体情况有所改变，但其基本目标是培养学生的民主参与意识和集体荣誉感。

共同体的班级活动的突出特征是建立一种基于个体自由的民主制度。这种制度不仅是教育公正的需要，而且是成员共同利益的诉求。

毋庸讳言，境内外学校共同体的班级活动的设计与组织中也的确出现过一些问题，最突出的莫过于"多数人的暴政"和"掌握在少数人手里的真理无法实现"。目前情况下，这些问题虽然可以通过"纪检委"的作用和"轮流坐庄"的制度得以缓解和弥补，但是，在学生身心发展与班级民主建设中深层次的问题需要进一步的探讨和研究，而这正是班级活动设计与组织形式向更高阶段发展的动力。民主如果真的不是最好的，但民主一定能够避免最坏的。

无论是学生身心发展的需要，还是学校教育目标的实现，乃至国家民主制度的创立，都在呼唤共同体的班级活动的设计与组织。以民主为核心价值的共同体的班级活动的设计与组织需要达成一个共识：民主要从娃娃抓起，民主制度的建设任重而道远，真正的民主恰恰是人的自由的保障和本质的展现。

第二章

班级活动设计与组织的原则

生命性原则

在班集体教育系统中，班级活动与学科课程教学互为补充、相辅相成，共同促进学生的发展。由于内涵与目的上的差异，与学科课程教学相比，班级活动在特征、内容、形式等方面都具有自己的特点，对设计与组织工作提出了独特的原则性要求。从不同的角度来看，班级活动设计与组织有不同的原则，难以一一穷尽，本章只能举其要者加以阐明。根据班级活动的基本目的，结合目前班级活动中存在的普遍性问题，我们认为，在班级活动设计与组织中，生命性、个性化、开放性、生成性等原则应该受到高度关注。

生命是人的基本存在形式，尊重并完善人的生命存在，是教育的基本价值取向。班级活动首先必须指向人的生命存在，在全面了解学生生命特征，充分把握学生生命发展能力的基础上，致力于提升学生的生命质量和水平，让学生成为一个整全、和谐、健康的生命体。

同是作为生命存在体，人与动物的最大区别在于，人的生命除了物质存在形式之外，还有精神存在形式和社会存在形式。因此，人的生命具有三重含义："一是自然生理性的肉体生命；二是关联而又超越自然生理特性的精神生命；三是关联人的肉体和精神而又赋予某种客观普遍性的社会生命。"班级活动设计和组织要遵循生命性原则，就意味着必须全面观照人的物质生命、精神生命和社会生命，而不能有所偏废。

一、引导学生珍爱物质生命

物质生命是所有生物存在的生理基础。"皮之不存，毛将焉附"，失去了物质生命，人也就失去了生命存在的基本载体，精神生命、社会生命也就无从谈起。正是基于这一认识，我们通常就把生命狭义地理解为物质生命。引导学生珍爱物质生命，不仅意味着要珍惜自己的生命，而且还要尊重他人的生命，爱护自然的生命。

（一）珍惜自我生命

2007 年，由宋庆龄基金会主办，教育部、司法部、团中央、关工委等大力支持的"中华青少年生命教育论坛"披露，在 15～34 岁的青少年死亡事件中，自杀已经成为第一死因，约占死亡总人数的 26.04%。导致中小学生自杀的原因非常复杂，除了遭遇学习和生活的巨大压力和挫折等直接原因之外，还有心理不够成熟、生命意识淡漠、生命观念错失、青春期综合症等间接原因，而且往往是多种原因交织错杂，难以一一理清。面对这一现状，在班级活动中，除了要关注和舒解学生面临的压力，帮助学生分析和应对挫折，消除自杀的直接诱因之外，还要引导学生树立正确的生命观，体验生命价值，强化生命意识，锻炼耐挫能力，认识并学会应对个体生理和心理发展的特点和规律，消除自杀的潜在诱因。

学校是学生学习、生活的主要场所，理应主动承担起对学生进行应对危机教育的责任。作为一种集体教育形式，班级活动可以集中、有效地帮助学生认识生活中可能会造成人身伤害的常见突发事件和紧急情况，并教会学生在遇到突发事件和紧急情况时合理规避、冷静处理，保护自己的生命安全。在班级教育和管理中，班主任可以举办消防演习、安全讲座、知识竞赛等班级活动，让学生在生动活泼、形式多样的活动中学习自救知识，保护自己的生命安全。

此外，提高生命的生理质量也是珍惜自我生命的应有之义。中小学生正值身心发育的关键阶段，在班级活动中，应该加强健康教育，引导学生养成良好的学习、生活习惯，注意卫生，加强锻炼，提高生理和心理健康水平。

（二）尊重他人生命

中小学生社会化程度相对较低，对一些社会规则尚未完全理解、认同和内化，加之现在的中小学生多为独生子女，自我中心意识较强，较少考虑到他人的生命感受，导致以学生为主角的校园伤害事件屡有发生，且伤害主体有低龄化的趋势。一些学生，特别是处在青春期、自控能力较差、逆反心理强烈的中学生，往往会为一些小事而伤害他人，甚至剥夺他人的生命。

尊重他人生命在行为意义上是对每一个鲜活的生命个体的尊重，但它必须以对普遍意义上的"人"的价值与意义充分认同为基础。在班级活动中，班主任应该有意识地引导学生推己及人，在体悟自我生命意义的基础上，认识他人生命的同等价值，并进而对"人"的生命价值给予充分的确认与尊重。观念决定行为，只有形成了尊重"人"的生命这一具有普适性的价值观念，学生在学习、生活以及更广泛的社会实践中才能尊重每一个具体个体的生命。当然，在中小学班级活动中，尊重生命观念的形成并不一定要通过理性推演和抽象说教的方式来达成，而应该充分考虑不同年龄段学生的不同心理发展特点和规律，采取形式多样、学生易于接受的方式来实现。对于年龄比较小的学生，应该主要诉诸感性，如通过展示和分析校园伤害案例，用血的事实来震撼学生的心灵，打动学生的情感，在他们的内心深处留下尊重他人生命的烙印；而对于理性思维发展程度较高的学生，可以主要诉诸理智，如通过引导学生进行换位思考，由自己的生命感受推及他人的生命感受，理解"己所不欲，勿施于人"的道理，从而形成尊重他人生命的基本观念。

（三）爱护自然生命

人是社会的动物，但同时，人也生活在自然之中，与其他自然生命一起分享同一个地球。发展中的生态伦理不仅关照人的生命，而且还把其他自然生命也纳入到关照视野之中。在这一语境下，人与自然生命的关系被重新定位，人不再被视为世界的绝对主宰，而被还原为自然生态系统的一个节点。此时，无论是从生态平衡的功利目的，还是从生命可贵的超功利视角出发，人都要尊重、爱护其他自然生命。基于此，生命性的班级活动也要与时俱进，不仅要引导学生珍惜、尊重自己和他人的生命，也要关注、爱护自然生命，形成普遍意义上的生态伦理观念。有这样一个案例：一只猫头鹰被带到班上，并被学生折腾致死。班主任在心痛之余，开了个特殊的追悼会。

下午班会课时，当我把装有猫头鹰尸体的盒子带进教室时，同学们先是好奇，然后全都呆住了："猫头鹰死了？"

我一言不发，足足看了同学们几分钟，同学们看见我严肃的表情，顿时安静下来。

"同学们，你们有谁了解猫头鹰？"

"它的头部像猫。"

"它要吃田鼠，可以保护庄稼。"

"同学们，你们有谁知道它临死前的样子？"

教室显得更加安静。

"同学们，你们知道吗？猫头鹰在死之前是多么地痛苦，还做过垂死的挣扎，它不想死，它多想获得自由，回到父母身边，它还想为人们除害，做人类永远的好朋友。"

教室里鸦雀无声，几十双眼睛凝神地看着这死去的猫头鹰，有的同学低下了头，有的在偷偷地擦眼泪。

"老师，我错了，我不该去捉猫头鹰来玩。"那个带猫头鹰来的孩子站了起来，态度非常诚恳。

"老师，我不该去捉弄猫头鹰，猫头鹰的死我有一份责任。"

"老师，是我们害死了猫头鹰。"

看着孩子们一双双真诚的眼睛，听着孩子们一句句真挚的语言，我感到很欣慰。

"同学们，猫头鹰能为我们除害，保护庄稼，它是我们的朋友，我们怎能随意伤害自己的朋友呢？我们不是常说要热爱大自然吗？热爱大自然，不能只是为大自然的美丽景色和可爱的生灵所陶醉，更应该用自己的行动去保护它，使它免受伤害。现在大家已意识到自己的错误，老师相信你们以后一定不会再伤害那些动物了。"

接下来我让全班同学起立，向死去的猫头鹰致以深深的歉意。

这位班主任以猫头鹰之死为契机，采用"追悼会"的特殊形式，上了一堂很好的爱护自然生命的班会课。在班会上，班主任不仅从功利的角度出发，说明了猫头鹰对人类的益处，更难能可贵的是，还告诉学生"不能只是为大自然的美丽景色和可爱的生灵所陶醉，更应该用自己的行动去保护它，使它免受伤害"，把学生的视野引向更具现实超越性的热爱自然、珍爱生命的维度，把学生热爱自然生命的起点由人类自我中心提升到万物和谐共处的高度。

二、引导学生提升精神生命

"精神（spirit）与人的身体（body）相对，是一种与'观念'、'意识'、'思维'、'理性'、'灵魂'等相一致的概念。"从个体存在的角度来看，人是"身体"与"精神"的同一体。相对于动物而言，"精神"对于人更具有本质意义，因为它是人与动物的重要区别之一。学校教育的最主要目的，就是促进学生精神生命的成长。作为学校活动的有机组成部分，班级活动应当关注学生的精神领域，提升学生求真、向善、臻美的意识和能力，达到帮助学生升华德性生命、丰盈智慧生命、优化审美生命的教育目的。

（一）升华德性生命

班级即是一个小型的社会性组织，班级活动这一集体教育形式有利于学生良好德性的养成。要提升学生的德性，必须首先把握学生德性生命成长的规律和特点，以便循理而动，顺势而为，以期取得事半功倍的教育效果。基于对学生德性生命成长的认识，在班级活动设计和组织时要注意以下三点：一是关注学生德性生命成长的实践性。道德不仅是一种精神境界，更是一种实践智慧和行为方式的表现。在班级活动中，要引入真实的道德案例，创设虚拟的道德情境，让学生在真实可感而又具体复杂的情境中分析、甄别、选择、检验，从而体验真切的道德感受，养成践履的道德习惯；二是关注学生德性生命成长的情感性。研究表明，"如果说当代社会真的出现了'道德危机'，那么，在一定程度上是道德情感的危机"。道德情感是沟通道德知识和道德行为的桥梁，只有形成了良好的道德情感，道德知识才能被自觉内化，并转化为道德行为。未成年的学生理性思维还不够成熟，感性思维相对占优，因此，班级活动更应该诉诸学生的情感领域，让学生在真切而深刻的情感体验中理解道德原则，固化道德信念；三是关注学生德性生命成长的生活性。班级活动要促进学生德性的成长，那些脱离现实地唱高调、说空洞的"大道理"很难打动学生，而聚焦学生的生活，关注学生熟悉的身边人、身边事，却往往能激活学生的生活经验，引起学生的心灵共鸣，从而取得良好的教育效果。

（二）丰盈智慧生命

人之所以被称为"万灵之长"，并不是因为体力的强大，而是因为智力的发达。雨果说过："精神像乳汁一样可以养育人，智慧便是一只乳房。"智慧生命在人的精神领域中占据着不可或缺的重要位置，是人类发展的文明标志，也是学校教育追求的基本目标，理应成为班级活动关注的一个焦点。

知识和智慧关系密切：一方面，知识是智慧的产物，在知识产生的过程中，智慧构成了认知的基础，是催生知识的前提性条件；另一方面，知识又是智慧的基础要素，没有了知识的积累，智慧便成为无源之水、无本之木。因此，班级活动必须把促进知识学习作为丰盈学生智慧生命的首要途径。当然，要促进学生知识学习，并不意味着把班级活动异化为学科教学，而是要发挥班级活动的激励、引导和促进功能，为学生的知识学习提供动力和方法。譬如，可以通过班级活动，组织学生讨论、交流、反思，帮助学生明确学习目标，激发学习动力，总结学习经验，交流学习方法，养成良好的学习习惯，更好地投入知识学习中去。

尽管知识在智慧中占据重要位置，但是，知识不等于智慧。在班级活动中，不仅要教会学生如何学习知识，还要让学生学习如何运用知识去解决学习、生活中的实际问题，如何在现有知识的基础上创造更多知识。譬如，班主任可以组织学生开展班级读书会活动，提升学生的阅读智慧；开展班级设计创意大赛，开拓学生的艺术智慧；开展"生活中的金点子"主题活动，挖掘学生的创新智慧；开展"如何与别人交往"主题活动，培养学生的生活智慧；等等。总之，生活中智慧无处不在，班主任要学会发现，学会选择，通过班级活动引领学生开掘智慧之源、疏浚智慧之流，让学生的智慧之泉源远流长、永不枯竭。

（三）优化审美生命

爱迪生说过："最能直接打动心灵的还是美。美立刻在想象里渗透一种内在的欣喜和满足。"开展审美教育，引导学生认识美、感受美、欣赏美、创造美，乃至在自由的情境中体验和追求生命、自然、精神之大美，是学校美育的基本任务。

美是个体性和社会性的统一。一方面，对美的感受人言人殊，见仁见智；但另一方面，总体看来，在某一特定的历史时期内，人们的审美观念还是共通的、趋同的。正是因为美具有社会性，以班级活动这种集体教育的形式优化学生的审美生命才具有可能。随着年龄的增长和思维的发展，学生对美的认识也会发生由表层的形象美、自然美向深层的精神美、社会美跃迁。在班级活动中，班主任应该根据学生审美心理发展的特点，引领学生逐步提升自己的审美水平和审美境界，让学生的审美生命走向整全和完善。

三、引导学生培植社会生命

人是社会的动物，培植学生的社会生命，提高学生的社会化水平，是学校教育的基本目标之一。社会是一个由无数节点复杂勾连在一起的立体关系网络，作为其中一个节点，每个合格的社会个体在确保自己自主、自足、自由存在的基础上，还要与相邻的其他社会人保持和谐的共处关系，并适应整个社会网络的运行规律，推进社会网络不断发展、不断优化。基于此，在班级活动中，要培植学生的社会生命，必须引导学生学会自我发展，学会共同生活，学会融入社会。

（一）学会与他人相处

在社会分工高度发达的今天，每个人都不可能离开他人而独自生存，人与人之间相互依存、相互依靠，共同生活在同一个世界之中。学会与他人共同生活、和谐共处，这是现代人必须具备的基本社会素养。班级是一个集体，班级活动这种集体教育形式有利于培养学生的群体意识，帮助学生学会如何与他人交往共处。

尊重是与他人交往的第一原则。"世界上没有两片相同的叶子"，同样，世界上也没有两个完全相同的人。由于先天遗传、后天环境及个人选择的不同，每个人都有自己独特的生理和心理特征。班级活动本身就是一种特殊的社会活动，班级活动的设计与组织者要注意尊重每一个参与者，在不涉及原则问题、是非问题的前提下，不妨倾听并包容不同的观点，理解并尊重不同的行为。同时，在活动中。也要引导每一个参加活动的学生在坚守自我的基础上尊重他人的选择权和表达权，学会求同存异而不是党同伐异，学会多元共存而不是唯我独尊，努力追求费孝通先生所向往的"各美其美，美人之美，美美与共，天下大同"的境界。当然，尊重不等于放任，不等于自动放弃教育的责任。在班级活动中，面对错误的言行，教师要予以恰当的引导，必要时甚至要采用恰当的强制手段；同时，还要引导学生明辨是非、分清曲直，在大是大非问题上立场坚定，态度坚决，决不能把尊重异化为迁就甚至是纵容。

合作是与他人交往的另一条重要原则。强调人与人之间的合作不仅是因为社会分工日益精细（尽管这也是重要原因），更因为人在主体性基础上派生出来的"主体间性"。班级活动一方面应该在内容层面进行合作教育，引导学生认识人的社会性本质，了解社会分工的现状，反观自我的社会性存在，从而明确合作的价值，领悟合作的意义，形成合作的意识；另一方面，在班级活动的设计与组织中，也要让学生身体力行"合作共赢"的理念，让他们合作确定主题，合作形成方案，合作进行准备，合作开展活动，合作处理善后……帮助他们在具体的行动中理解合作、践行合作、反思合作，从而提高他们的合作素养。

（二）学会融入社会生活

社会是以人为中心构成的，但社会的构成要素除了人之外，还有由人而派生出来的各种社会组织、社会制度、社会关系等。由此，提升学生的社会生命，除了要教会学生处理与人（自我和他人）的关系之外，还要让学生适应社会运行的规律，在融入社会中学会社会化生存，在建设社会中体现自我的价值。

融入社会首先必须主动适应社会规则。马克思说过："人们每次都不是在他们关于人的理想所决定和所容许的范围之内，而是在现有的生产力所决定和所容许的范围之内取得自由的。"人不可能超越现实的社会存在而维持自己的社会生命，作为社会中的一分子，社会不可能适应个体。只有个体来适应社会。因此，教育需要帮助学生形成独立的思考、批判的意识以及特立独行的品性，但是，这种独立和个性必须建基于对社会规则的主动适应。在班级活动中，要让学生了解人与社会的关系，顺应社会发展的规律，学习和实践社会规则，主动融入社会中去，在特定的社会组织中找到自己的归属。

融入社会还要胜任自己的社会角色。公民是人在社会中充任的共同角色。此外。每个人还要充任多重的社会角色，而且，随着所处的社会组织和社会关系的变化和转换，社会角色也会随之发生变化和转换。在班级活动中，首先要引导学生认识社会公民的权利与义务，并学会如何合理使用之，其次要提高自己的公民素养，在适应社会的基础上推动社会的进步与发展。同时，班级活动还要引导学生认识自己充任的个性化社会角色，认清自己在家庭、学校、社区等社会组织中的角色定位，并根据不同的角色要求积极主动行使自己的角色权利，履行自己的角色义务和职责，成为一个角色丰富而尽职尽责的社会人。

个性化原则

首先需要说明的是，强调班级活动设计与组织的个性化原则，并不意味着可以漠视共性追求。个性和共性是对立统一，而不是水火不容的两个概念，两者之间相辅相成、相互补充，共同形成了班级活动的基本生命形态。之所以特别提出个性化原则，并不意味着共性特征不重要，而是因为当下的班级活动设计与组织过于偏向共性的追求，过于强调统一性，从而使班级活动显得单调、枯燥，缺乏应有的生机和活力。

谈到个性，我们通常想到的是心理学意义上的理解，即：一个人不同于他人的相对稳定的心理特征的总和。目前，我们已经把"个性"这个词由心理学范畴扩展到一般的社会生活领域，除了指称人的心理特征之外，还指社会组织、社会活动、社会关系等的独特特性。在这个意义上，班级活动设计与组织的个性化原则首要内涵当然是尊重学生个性，此外，还包括彰显班级个性、突出活动个性等多重含义。

一、尊重学生个性

人的多样性是社会多样性的基础，如果一个社会的所有成员都面目一致，那么，这个社会注定缺乏生机和活力。由于传统文化的关系，我们的教育一直强调整齐划一的共性，很多时候要求学生为了集体的共性而放弃自我的个性。学校不是工厂的生产流水线，教育不应以培养规格统一的"标准件"为最终目标。在班级活动的设计与组织中，我们应该尊重并培育学生的个性，让学生生动活泼、个性鲜明地成长，以成为有别于他人的独特的"我"。

（一）关注学生的群体个性

"人可以分为个体的人、群体的人、类意义上的人，相应的，人的个性也有个体的个性、群体的个性、类意义上的个性。"在班级授课制的背景下，同一个班级的学生年龄相近，身心发展水平和特点也比较近似，这构成了班级学生的群体个性。在班级活动中，班主任要根据本班学生的年龄层次，分析、把握他们的身体发育水平和心理发展特点，依据班级学生的群体个性，有针对性地开展班级活动。

教育不应超越学生的现有身心发展阶段，这要求班级活动首先必须尊重并顺应学生的群体个性。班级活动如果过于超越学生现有的发展水平，学生就会因陌生而产生隔膜感；如果大大低于学生现有的发展水平，学生又会因过于熟悉而提不起兴趣。因此，班级活动必须与学生的群体个性大致相当，这样才能起到应有的教育效果。

当然，尊重、顺应不等于原地徘徊，班级活动还具有发展、提升学生群体个性的功能。依据"跳一跳，摘果子"的教育原则，班级活动在发展学生群体个性时要找准学生的最近发展区，让学生在现有发展水平的基础上小步前进，不断进步。譬如，要让小学一年级学生养成生活自理的习惯，如果一下子就让他们学习洗衣做饭，效果通常不佳。班主任可以设计和开展系统班级活动，让学生从整理书包、摆放课桌椅、洗小手帕、帮助父母摆放餐具等简单易行的小事做起，逐步养成处理生活的习惯和能力。

（二）尊重学生的个体个性

相较群体个性、类个性，个体个性更能标识一个人作为独特自我的存在。在班级活动中，班主任在关注学生群体个性的同时，要尊重、发展学生的个体个性，帮助学生实现个性化成长。

目前，很多班级活动都是少数班干部或有表演特长学生展示自我的舞台，大部分学生往往沦为配角，甚至是看客。这样的班级活动只是培养了少数学生的个性，但却把大多数学生冷落在一旁。每个学生的个性都有自己意义和价值，在班级活动中，班主任要根据学生的不同个性，让他们在活动中担任不同的角色，让学生在角色承担中发现和认识到自我的价值，从而积极主动地实现有个性的发展。譬如，在开展"家乡历史知多少"班级活动时，可以让乐于交际的学生去访问家乡的老人，让喜爱读书的学生去查找地方志等文献资料，让擅长摄影的学生去拍摄家乡的文物古迹，让行事严谨的学生去分析、梳理、整合各种资料，让擅长写作的学生去撰写家乡发展简史……如此，不仅绝大多数学生都能参与到活动中来，而且多能根据自己的个性、特长找到自己合适的位置，在获得成就感的同时也锻炼了自己的能力，发展了自己的个性。

二、彰显班级个性

班级活动设计与组织的个性化不仅关注学生个体的个性化成长，而且还关注班集体的个性化发展。作为相对独立的教育组织，每一个班级也应具有自己的特征，体现自己的个性。培植个性化班级的意义不仅在于让班级成为独特的"这一个"，而且为学生营造了个性化成长环境，对学生的个性化发展具有积极的促进意义。

（一）打造班级个性

班级个性的产生主要有两条途径：自发形成和自觉打造。基于对班级个性意义和价值的把握与认同，我们认为，师生应该利用班级活动，自觉地、主动地打造班级的个性。

班级活动是丰富多彩、生动活泼的，通过班级活动打造班级个性，能够让学生在具体可感的活动中潜移默化地形成共同的价值观念、共同的发展目标和共同的行为方式，为班级个性的形成奠定坚实的基础。李镇西在他的"未来班"的实验中，就很好地利用班级活动打造了班级的独特个性：

我决定让文学成为我和孩子们共同的爱好。我不但把《青春万岁》、《爱的教育》、《红岩》、《钢铁是怎样炼成的》等小说搬进了语文课堂，而且经常在放学后带着孩子们到郊外去搞"文学写生"：在学校外边的岷江之滨，在乐山大佛对面的绿岛上，在朴素的农舍前或静静的小河边，我们一起用心感受大自然的美，然后当场用文字将这种美描摹出来。我还多次在寒暑假，与学生一起到大自然去长途旅游：我曾与学生站在黄果树瀑布下面，让飞花溅玉的瀑水把我们浑身浇透；我曾与学生穿着铁钉鞋，冒着风雪手挽手登上冰雪世界峨嵋之巅；我曾与学生在风雨中经过八个小时的攀登，饥寒交迫却兴趣盎然地进入瓦屋山原始森林……和学生的这种风雨同舟、相依为命之情让我感到无限幸福。这种幸福不是我赐予学生的，也不是学生奉献给我的，它是我们共同创造、平等分享的。

初步确定把"文学"作为自己班级的个性发展目标之后，李镇西不仅在语文课堂上渗透文学教育，而且带领学生利用课余时间开展"文学写生"活动，让学生感受并描摹大自然的美，提高自己的文学鉴赏和创作能力。最终，当"他们的诗文越来越频繁地出现在《中国青年报》、《读者》、《中学生》、《现代中学生》、《中学生读写》、《少年文史报》等全国各地的报刊上"时，这个班级的特殊个性就基本形成了。

（二）体现班级个性

班级活动通常有两种：一种是学校、年级统一组织，以班级为单位开展的活动，一种是班级自主开展的活动。这两种活动都可在一定程度上体现班级的个性，展现不同班级的不同内涵和风貌。

在学校或年级统一开展的活动中，班级虽然无法自主确定活动的主题，但在活动的内容、形式等方面却有自主选择的空间，可以扬长避短，各擅胜场，体现出班级的个性来。譬如，某中学要开展"青春在飞扬""五四"主题纪念活动，文学见长的班级可以组织青春诗会，用诗歌来激扬青春；书画见长的班级可以开展书画联展，用色彩来描绘青春；擅长社会实践的班级可以组织青年志愿者活动，在行动中挥洒青春的活力；具有环保特色的班级可以开展"青春中国，绿色神州"环保宣传活动，在展示中深化青春的内涵……这样，不仅增强了活动的效果，丰富了活动的内涵，而且使同一主题的活动呈现出不同的形态和特点，突出了活动的多元性和个性化。

班级自主开展的活动更应自始至终贯穿着班级的个性追求。首先，在活动的选题上，要紧扣本班存在的问题、出现的情况和发展的目标，做到有的放矢，重点突出。譬如，针对最近本班流行看"口袋书"的现象，可以组织学生开展以读书为主题的活动，引导学生正确选择课外读物。其次，在活动的设计上，要充分考虑到本班的特点，制订出适切的方案。最后，在活动的组织上，要选择本班学生熟悉的内容和易于接受的方式，以达到最佳的教育效果。譬如，在一个学生普遍活泼好动、个性鲜明的艺术特长班开展集体主义教育，与其摆事实、讲道理，进行理念的灌输和思想的规训，还不如组织学生观摩、表演、游戏，在具体生动的情境中体验、领悟、内化和践行集体主义精神。

三、突出活动个性

活动是学生素质发展的基本途径，活动教育是促进学生素质发展的有效手段，是学校教育中重要的教育形式。有学者在考察了活动教育的发展历史之后总结道："活动教育是对以'知识本位'、'教师中心'为特征的传统教育不断反思与超越的产物，是在与传授式、灌输式教学相抗衡的过程中逐步形成的一种教育主张。"在对传统教育的反思与超越过程中，在与传授式、灌输式教学相抗衡的过程中，活动教育形成了自己特殊的内涵和操作体系，成为一种新的教育形式。在学校教育体系中，活动教育的特殊性并不主要体现在"教育"上，而是体现在"活动"上，正是这一关键词把活动教育与其他林林总总的教育形式区别开来。作为活动教育的一种，班级活动理应承续并发展活动教育的活动个性，发挥自己在学校教育中的特殊作用。

（一）突出活动的情境性

与学科教学主要传授间接知识为主不同，活动教育主要是学生在真实或虚拟情境中感受、体验、认知，从而获取自我生存发展所必需的直接知识和经验，情境性是活动教育的个性特征之一。作为活动教育的一种，班级活动要引导学生走进真实情境，创设虚拟情境，在具体、生动的情境中提升德性，发展心智，陶冶情操，实现自我发展。

班级活动与学生的生活紧密相连，学生生活中很多情境都具有教育价值，班主任应该善于捕捉这些稍纵即逝的机会，在真实的情境中开展班级活动。著名班主任蒋自立老师是这样利用真实情境开展班级活动的：

新学年伊始，同学们兴高采烈地布置着上了一层楼的新教室。目睹此情此景，我充满感情地说："祝贺大家更上一层楼，搬进了新教室。对于'更上一层楼'有何遐想、联想、思想，咱们先自由组合成小组谈谈，等会儿再来个全班发言。"

习惯于小组交谈的学生，一下子形成了12个小组，热烈地、无拘无束地交谈起来——因为他们知道：你给我一个苹果，我给你一个苹果，各人手中仍然只有一个苹果。而你给我一个思想，我给你一个思想，每人就拥有两种思想了。

学生换教室本是非常平常的事情，布置教室也是常见的情境，很容易被班主任所忽略。但在这个案例里，学生之所以很快就能组成小组，"热烈地、无拘无束地交谈起来"，除了学生理解讨论的价值、熟悉讨论的方式之外，还因为蒋老师准确把握了学生的活动情境（布置上了一层楼的教室）和情绪情境（兴高采烈），敏锐地捕捉到教室楼层升高所蕴含的隐性教育意义，巧妙地把学生兴高采烈的情绪引向更深的高度。

很多真实情境都具有教育价值，但是，真实情境毕竟具有不可控性，是可遇而不可求的，如果坐等真实情境，班级活动会非常被动。因此，在班级活动设计与组织中，还需要根据活动的目标和要求，主动设置虚拟情境。班级活动虚拟情境的设置要遵循以下基本原则：一是拟真性。即情境必须与现实生活具有较高的相似性，是现实生活中可能发生的情境。出于教育效果的要求，虚拟情境可以夸张、变形，但夸张、变形必须以现实生活为基础，而不能天马行空、凌空蹈虚。二是生本性。班级活动的目标是指向学生的，因此，情境设置必须以学生为本，虚拟学生熟悉的内容和情节，以便引发学生的兴趣，起到事半功倍的教育效果。三是教育性。班级活动是学校教育活动的一个有机组成部分，班级活动中虚拟的情境也应该具有正向的教育价值。

（二）突出活动的交互性

与学科教学主要是个体的学习活动不同，活动教育主要是以集体形式来开展的，它要求参与活动的每个人相互协调、默契配合，共同推动活动进程，人际交互性也是教育活动的个性特征之一。

班级活动是集体活动，这要求参加活动的每一个参与者都应该在独立思考、独立判断的基础上参与集体活动，在人际交互中合作、交流，实现观点和行为的碰撞、交融和整合。当然，这种人际交互并不是随意的、随机的，而是在事先设定的目标和程序的指导下，有组织、有方向的有序交互。在人际交互中，作为班级活动的主要设计和组织者，班主任的角色非常重要，他不仅应该是交互活动的参与者，更应该承担起组织和引导的责任，让交互活动在理性、平稳、协调的状态下进行。

（三）突出活动的实践性

学科教学是以系统地传授科学知识为主要目的的，而活动教育则主要是为了培养学生的实践能力，实践性是活动教育的另一个个性特征。班级活动要重视实践在学生发展中的价值，引导学生关注实践、投入实践、升华实践，在实践中汲取知识，增强能力。

班级活动本身就可以是实践活动。在设计和组织班级活动时，班主任可以组织学生把平时所学的知识转化为行动，在学习中实践，在实践中学习，让学科教学与班级活动相互补充，相互渗透。譬如，学习了小学品德与生活中的"生活不能没有他们"的内容之后，班主任可以把学生分成若干小组，每一小组负责了解一个行业的工作，然后在班级中集体交流，帮助学生认识各行各业对于社会的重要性，帮助学生学会尊重他人的劳动。当然，班级实践活动的主题不限于学科内容，也可以是学生在学习、生活中常见的、必须掌握的一些实践本领，如生活自理、自救策略、交往技巧等，都可以作为班级实践活动的内容。

班级活动还可以引导学生实践。有些班级活动虽然是"务虚"的，但其"虚"是为"实"服务的，可以起到指导实践、提升实践的作用。譬如，某班级学生某段时间热衷于送同学生日礼物，而且攀比之风日盛。在这种情况下，既可以开展集体生日活动，以直接实践的方式引导学生俭朴过生日，也可以组织学生讨论、辩论，引导他们认识到友情的深浅与礼物的轻重无关。后一种方式看起来是"务虚"的，但是，认识明确了，行动也就有了依据，这种"务虚"往往能起到事半功倍的教育效果。

开放性原则

作为学校教育教学的基本单位，班级具有自己的组织目标、组织结构、组织关系、组织运行机制等，是一个相对独立自足的教育组织和社会组织。但独立自足不等于封闭自守，班级还需要与外在的社会环境发生千丝万缕的联系，形成相互依赖、相互渗透的互动关系。作为班级建设和学生教育的基本手段之一，班级活动在保持自我独立性的基础上，应该面向生活、面向社会、面向未来开放，培养具有生活自主性、社会责任感和自我发展力的合格社会成员。

一、面向生活开放

班级活动面向生活开放，就意味着班级活动要全面关照学生的全部生活领域，让学生在活动中学会把握生活、创造生活、享受生活。中小学生的生活领域主要包括个人生活、家庭生活和集体生活三个部分，班级活动应该以开放的姿态积极引入和介入学生生活，帮助学生提升个人生活，参与集体生活，融入家庭生活。

（一）提升个人生活

目前的中小学生大多是独生子女，过着衣食无忧的生活，再加上学习负担比较重，没有时间处理生活琐事，从而导致生活自理能力相对较差，并进而影响到了他们目前和将来的个人生活质量。针对这一普遍存在的现象，在班级活动中，可以引导学生认识生活自理是个人幸福生活的基础，并通过开展"自己的事情自己办"、"生活常识大家谈"、"厨艺大比拼"、"争当健康小卫士"等丰富多彩、形式多样的活动，教给学生日常生活的知识、方法和技巧，帮助他们养成健康生活的习惯，提高生活自理的能力。

人除了基本的物质生活追求之外，还应有更高的精神生活追求。在帮助学生提高生活自理能力的同时，班级活动还要引导学生丰富自己的文化、艺术和精神素养，提升个人生活的质量和品位。在班级教育过程中，可以开展读书、艺术欣赏与创作、礼仪培训、心理按摩等多种活动，让学生学会调适身心、舒展心灵，创造并享受艺术之美、精神之美、生活之美。

（二）参与集体生活

集体教育是学校教育的主要形式。在集体中，学生精神有了依托，心灵有了归宿，情感有了交流，归属的需要得到了满足。在集体中，同龄学生之间相互交流、相互合作、取长补短、共同进步，同辈教育的力量得到了发挥。班级活动要引导学生融入集体生活，在集体的肥沃土壤中实现自我成长。

班级是学生学习、成长的主要集体，他们在校期间时时生活在班级之中。班集体建设是班级活动的基本职能之一，班级活动要着力培养学生的集体意识，激发学生的集体自豪感和荣誉感，让学生产生集体凝聚力和向心力，自觉地参与到班级建设中来。针对中小学生的特点，班级活动中的集体主义教育不宜采用说教、灌输的方式来进行，可以通过征集班训班徽、美化班级环境、组织文体活动、争创优秀班级等形式，让学生在潜移默化中产生集体认同感，在不知不觉中融入集体生活之中。当然，班级活动本身就是集体生活的一种，也要让学生自觉自愿地融入其中。因此，班级活动要契合学生的年龄特征和心理特征，选择学生关心的主题和内容，采用学生喜闻乐见的形式，吸引学生的注意，激发学生的兴趣，让学生积极主动地参与到班级活动这种特殊的集体生活中来。

（三）融入家庭生活

家庭是学生快乐、健康成长的港湾，稳定、和谐的家庭生活能够促进学生良好身心素质的形成。班级活动不仅要关注学生在校的集体生活，还要关心学生的家庭生活，从而实现家校合作，为学生成长创造良好的条件。譬如，可以开展"我爱我家"主题班会，让学生在介绍家庭成员、讲述家庭故事时感受家的温馨和美好；可以组织家庭运动会，让父母和子女在相互配合中深化情感、达成默契；针对当前独生子女缺乏感恩意识、不懂得孝敬长辈的现象，可以开展"我当一天家"活动，让学生在生活实践中体会持家的不易，从而对父母产生由衷的敬意；针对处于青春期的学生叛逆心理比较强，难以和父母沟通的现象，可以开展亲子交流活动，组织家长和学生坦承各自的想法，倾吐各自的苦衷，从而消弭隔阂，填补代沟，实现父母和子女的真情互动……

二、面向社会开放

培养社会人是教育的基本目标之一。学生由自然人向社会人的转变是一个认识的过程，更是一个实践的过程，不可能在封闭的条件下，凭借着说教和误导就能实现的。班级活动要促进人的社会化成长，必须主动向社会开放，引导学生认识社会、适应社会，主动参与社会活动，在社会实践中提升自己的社会素养。

（一）认识社会现象

每个学生在班级内都有自己的组织角色，同时也会把自己的社会生活背景带到班级中来，从而使班级带有社会组织的特点，成为社会的缩影。客观地说，班级中既有美好的社会现象（如教师对学生的关爱、帮扶，学生对教师的理解、尊重，学生与学生之间的配合、互助等），也有一些社会阴暗面的投影（如教师收受学生家长贿赂、学生不尊重甚至仇视教师、学生间存在的歧视现象等）。在班级活动中，班主任要根据学生的年龄特点，通过适当的方式引导学生关注班级中存在的这些社会观象，既不掩饰、也不夸大，帮助学生在认识、辨别的基础上寻找妥善对待这些社会现象的策略。

班级活动除了关注班级中存在的社会现象外，还要适时、适度、适量地把班级外的具有教育价值的社会现象引入进来，引导学生进行分析、讨论，甚至是辩论，在认知层面缩小与社会之间的落差，在行为层面学会分析、甄别、应对各种社会现象，在潜移默化中提高学生的社会素养。

（二）参加社会活动

班级活动面向社会开放，不仅要把社会生活"引进来"，而且还要带领学生"走出去"，让学生接触更为广阔的社会生活，更加深入地参加社会活动，在行动中提升自己的社会素养。

目前，很多学校都有自己的社会实践基地、德育基地、劳动基地等，这些就是为学生打开的一扇扇通向社会的窗户。窗户虽然不能让学生就此迈上社会，但可以让学生由此尝试性地参与社会活动，开阔自己的社会眼界，深化自己的社会认知。在班级活动中，班主任可以把学生带到这些基地，开展"一日采摘"、"和孤儿一起过'六一'"、"我是环卫工人小助手"等活动，让他们在实践中体验劳动的艰辛，体味助人的快乐，品尝生活的甘苦，加深对社会生活的认识。

社区是学生参与社会活动的另一个领域。学生对自己生活的社区情况比较熟悉，也比较有感情，组织开展社区社会实践活动，学生易于接受，有利于活动的持续、有效开展。因为一个班级的学生不一定居住在一个社区，组织学生参与社区活动不宜采用整个班级集体活动的形式。在实践中，班主任可以让同一社区的学生组成一个小组，在实地调查的基础上选择小组活动的内容和形式，以小组为单位各自开展活动。在活动开展过程中，可以适时开展一些全班性的总结或交流活动，让各个小组相互交流社区社会实践活动的经验和困惑，班主任有针对性地给予一些恰当的指导，以利于活动的深入、持续、有效的开展。

三、面向未来开放

教育是面向未来的事业。正如一位校长所言："孩子们的手里攥着未来：个人的未来、家庭的未来、国家的未来、人类的未来。"教育要立足现实，着眼当下，追求教育的可行性，但更要关注学生的未来、社会的未来、人类的未来，追求教育的可能性。班级活动面向未来开放，主要是要用发展的眼光看待学生，通过塑造学生的美好未来，实现教育对于人类未来的担当。

（一）引导学生自我发展

发展自我首先必须学会终身学习。联合国教科文组织于1972年发表的《学会生存——教育世界的今天和明天》指出："明天的文盲将不是目不识丁的人，而是不知道如何学习的人。"在知识经济时代，学会学习、终身学习对于一个人的生存和发展具有极其重要的意义。在班级活动中，应该引导学生了解时代发展的日新月异，认识知识更新的异常迅疾，增强终身学习的意识。同时，还要教会学生学习的技巧和方法，帮助学生学会学习、有效学习。

发展自我还必须学会生涯规划。未经规划的人生是缺乏方向感的人生，很容易就见异思迁、随波逐流，难以发掘人的潜能，成就完满人生。班级活动应该根据不同年龄阶段学生的特点，引导学生进行生涯规划，为自己的人生发展打下基础。在小学阶段的班级活动中，可以帮助学生了解自我、认识自我，并通过榜样教育，启蒙学生自我成就的意识。在初中阶段的班级活动中，在帮助学生全面发展的基础上，重点引导学生发展自己的个性和特长，启发他们有意识地思考人生的意义和价值，并结合自己的实际情况初步确定人生目标。高中是基础教育的最后阶段，在班级活动中，应该引导他们了解职业选择和自我发展之间的关系，帮助他们确定学习或就业的大体方向，为将来走向社会打下基础。

（二）开发学生发展潜能

要开发学生的潜能，必须在班级活动中注意发现并发挥不同学生的不同智能优势。班级活动的设计与组织是一项系统工程，在其间，有些学生平常看不出来的特长此时就会在不经意间得到展现。这需要班主任有敏锐的眼光，随时观察和发现学生在班级活动中表现出来的优势智能，并把它由潜在状态开发出来，甚至发展成为学生的特长。当然，班主任一双眼睛毕竟难以关照到班级里所有学生的所有优点，班主任也可以组织专门的班级活动，发动学生"表扬和自我表扬"，挖掘自己和他人的优点。有位班主任开展过这样一次班级活动：

"每个人写出你熟悉的本班的10位同学的优点，并且每人的优点不少于50个字。"这是我给学生布置的作业，他们感到莫名其妙，但是，看到我认真的样子，也就认真地写了起来。

我拿着学生写好的评语（最多的一人得了17篇评语，少的也有6篇）在班上高声朗读起来："曹利君，是个热情真挚的人，他是个体育特长生，但他并不满足体育上所取得的成绩，要在学习上也胜人一筹。他刻苦努力的拼搏精神，让人敬佩，好一个文武全才！"

"胡波，我发现你真是个讨人喜欢的同学，我真赞叹上天造物之神奇，咋就能造出你那张灿烂的脸呢？笑容常在，很难找出悲哀的成分。你聪明的大脑更让人嫉妒，祝愿你永远开心。"

"程玉平，我们的歌唱家，你的优点真多：学习成绩好，篮球打得好，人缘也最好，再加上一表人才，你简直太完美了。你是同学的好朋友，老师的好学生。"

……

看得出，凡是评语提到的同学心里都美滋滋的。教室里静悄悄的，学生们沉浸在成功的体验里。

两个月过去了，每次上课前我都这样读几段，班里的学生在悄悄地发生着变化：同学关系更融洽了，值日生更主动了，教室布置得更整洁了，原来行为举止随便的同学也注意自己的言行了，学生见到老师更有礼貌了。看到这些变化，任课老师们给予了很高的评价。

可见，很多学生对于自己潜在的优点都不甚了了，都认为自己是"普普通通、不起眼的学生"，但是，一旦知道了自己在他人眼里居然有那么多的优点，立刻就有了自信心，对自己的潜能有了新的认识，相信"我的未来一定是美好的"，而且提高了对自己的标准和要求，充满信心地投入到学习和生活中去。

生成性原则

在学科教学中，课程标准、课程计划、教材、教学参考资料等一系列材料既提供了教学的支撑，同时也限定了教学的主题、内容，甚至是形式。班级活动则不同，作为一种校本甚至是"班本"的教育形式，班级活动在内容确定、过程演绎、形式选择和结果形成上很难预先进行统一的控制和限定，都具有很强的灵活性和生成性。

一、活动主题的生成性

班级活动也有计划性，班主任对每学期要开展哪些班级活动一般都会有一个通盘的考虑和大致的思路，有些优秀班主任甚至会根据自己的工作经验制订整个学段班级活动的主题。但是，班级活动计划只能是一个原则性的规划，在实际执行过程中，还要根据实际情况生成具体的活动主题和活动内容。

著名班主任丁如许认为："班级活动课的基本课型可分为两种：基本课和随机课。"这两种课型都有生成的空间：基本课的计划性较强，但"基本课的内容不是一成不变的，它可以根据实践调整、充实"；随机课则十分灵活，活动主题和内容都是根据教育实际情况实时生成的。

基本课一般都会被纳入到班级活动计划之中，但是，班级活动计划只能根据对班级建设和学生发展情况的预测确定主题，而无法预知班级教育中出现的具体情况。因此，在具体实施时，要对计划的班级活动主题和内容进行细化。有时候，因为情况发生了变化，事先确定的主题和内容可能还要进行调整，甚至是取消活动。譬如，有班级准备开展一次为期两天的春游，但在活动前夕，为安全考虑，教育主管部门出台规定，不得组织跨市的中小学生春游。在这种情况下，活动要么取消，要么把两天的远足调整为一天的郊游。

因为学生教育和管理的复杂性，班级中的很多情况都是班主任事先无法预料的，这就需要班主任根据班级的实际情况，临时确定主题和内容，经常开展随机性的班级活动。当然，班级活动的随机生成不是随意生成，而是要看一有没有活动的必要，二有没有教育的可能。只有必要性和可能性都具备了，生成的班级活动才有价值。如果随意生成，难免会使班级活动过多过滥，难以获得良好的教育效果。有这样一节主题班会：

年初，我带着学生到附近景点游览。在一处古庙前，许多学生对着庙中塑像磕头烧香。在山顶上，更有许多学生在神汉前抽签问卜。回校后，我的心情难以平静：作为中专学生怎能如此迷信？经过反复思考和精心准备，我决定召开一次别开生面的主题班会。

班会开始时，我拿出录音机，播放了一首事先录制的"恐怖音乐"。正在学生惊诧之时，我故作神秘地说："教室里有鬼！"学生们顿时瞪大眼睛。我接着说："大家放心，看我把鬼抓住。"于是，我拿出一个盛满水的脸盆，煞有介事地在空中抓上几把，然后扔进水里，意思是把"鬼"抓进了水盆里。接着，我从包中取出一把刀子，边捅进水里边说："看我把鬼杀掉。"当刀子捅进水里时，水一下子变成红色。

看着学生们目瞪口呆的样子，我笑着说："别紧张，我再给大家做个实验。"我取出一个小烧杯，里面放上自来水，再加点 $NaOH$，然后取来一瓶酚酞溶液和一把小刀，把少量的酚酞溶液涂在小刀上。这时，我问："把小刀放进烧杯中，里面液体会变成什么颜色？"这是个最简单的化学原理，同学们异口同声地回答："变成红色！"我接着说："那刚才捉'鬼'和这个实验有什么联系？"学生们恍然大悟，个个显出如释重负的样子。

最后，我针对春游的事总结说："自己的命运只有靠自己来掌握，迷信只能使人变得愚昧、无知，甚至还会付出惨重的代价。我们一定要学好文化知识，掌握真才实学。这样才能揭开人类与自然之谜。"会后，学生们受到了很大的震动，他们纷纷撰写心得体会，并汇集成新的一期板报，张贴在教室后面这期板报的题目就是"崇尚科学，破除迷信"。

这次成功的主题班会并不在班级活动的计划之中，而是班主任在带领学生春游的过程中，发现"许多学生对着庙中塑像磕头烧香"，"在神汉前抽签问卜"，觉得非常忧虑，经过"反复思考和精心准备"，最终确定召开的主题班会。这次主题班会虽然经过了精心准备，但是，就其主题和内容选择来说，是在教育过程中随机生成的。封建迷信对于学生的人生观、世界观、价值观会产生一定的负面影响，因此，开展这样一个"崇尚科学，破除迷信"的主题班会很有必要。从班会上学生的反应（"受到了很大的震动"、"纷纷撰写心得体会"）来看，这节生成性的主题班会达到了预期的教育效果。

二、活动过程的生成性

班级活动过程的预设性和生成性并不是一对矛盾，而是相辅相成、相互促进的。如果班级活动预设得过于细致、教条，有可能束缚活动的开展，活动过程中生成的火花被忽略，活动显得呆板滞涩；如果预设不充分，完全靠生成，那么班级活动难免会随波逐流，过于随意。因此，强调班级活动过程的生成性，不是说不要预设活动方案，而是针对当前班级活动预设过于琐碎，活动过程近乎按"剧本"表演的弊端，主张活动预设灵活一点、粗线条一点，让班级活动更加活泼灵动、丰富多彩。

活动过程的生成性有主动生成和被动生成两种。主动生成是指在制订班级活动方案时就预留了生成的空间，活动时，在班主任的鼓励、引导、启发下，学生充分发挥自己的主动性和积极性，创造性地开展班级活动，自主性地生成活动过程。譬如，在开展"我与父母比童年"的班级活动时，班主任只要在活动开始时给学生说明活动目的和活动要求，在活动结束组织开展交流活动就可以了，至于学生和父母比童年的什么，怎么样和父母比童年，怎么样呈现比的结果，班主任没有必要进行统一的规定，完全可以让学生自主去进行。由于没有严格的限制，学生自主生成的活动过程会色彩纷呈、活泼多姿，充满个性和特色。

如果说主动生成基本上还在意料之中的话，那么，被动生成就是指意料之外生成的过程。有时候，班级活动并不一定会沿着预设的路径向前发展，会在活动过程中出现意外的情况，从而让班级活动偏离预定的轨道，向其他方向发展。这些意料之外的生成不仅考验着班主任的教育智慧和应变能力，同时也会检验班主任的教育思想和教育理念。优秀的班主任都知道，班级活动不是班主任的"一言堂"，也不是表演给别人看的话剧，而是要让学生全身心地投入到活动之中，真思真想、真说真做，真实地表达自己的内心感受。在班级活动中，班主任不能因为学生的表现不符合自己事先的预设，就不分青红皂白地断然予以制止，强行把学生拉回预设的轨道，而应该迅速对出现的情况进行分析判断，如果学生的言行有一定的道理，具有教育的价值，那么就应该改变预定的进程，生成新的活动过程。

三、活动形式的生成性

班级活动的形式多种多样，有主题活动，也有常规教育；有实践活动，也有思辨活动；有小组活动，也有个人活动……采取什么样的班级活动形式，不仅要看班级活动的目标与内容、学生的个性、班级的特点，还要与活动的具体情境保持一致。因为影响因素比较多，班级活动形式的选择具有较强的灵活性，经常需要在具体的活动过程中进行调整。

一个班级有几十个学生，每一个学生都有自己的性格特征、兴趣爱好、思想观念和行为方式。在班级活动形式的选择上，有的学生喜欢独立思考，有的学生喜欢集体讨论；有的学生擅长社会实践，有的学生擅长文艺活动……班级活动虽然是一种集体教育形式，但并不是只见集体不见个人，在优先选择适合整个班集体的活动形式的基础上，应该适当地留有自主生成的空间，让学生有机会选择自己喜欢的方式投入到班级活动中去。譬如，在开展"我看七十二行"的班级活动时，班主任可以不规定活动的形式，让学生自己选择喜欢并且擅长的方式进行活动，这样，善于写作的学生可以组成采访小组，采访各行各业的劳动者；喜欢实践的学生可以选择一个行业劳动一天，亲身体验这一行业的工作；擅长画画的学生可以把某一行业一天的工作画下来，形象展现这一行业的特点……由于是自己选择的活动方式，学生通常会更加积极主动地参与到活动中去，活动效果能够得到保证。同时，由于活动形式多种多样，活动的成果也会丰富多彩。

活动形式还带有较强的情境性。即使在同一个班级开展同一个主题的活动，在不同的情境下也宜于灵活采用不同的形式。情境因素包括活动时间、活动地点、活动环境、学生情绪等，这些因素的变化要求活动形式也应该跟着变化。譬如，某一班级准备开展一次篝火晚会，庆祝"五四"青年节，活动当天却下起了大雨，原定计划无法实施。但是如果取消活动，为活动准备了很长时间的学生会感到非常失望。在这种情况下，班主任不妨把室外举行的篝火晚会改为室内举行的青春联谊活动，活动主题不变，活动形式作了适当的调整，学生照样可以在活动中释放活力、放松身心。教育情境的力量是巨大的，如果不能根据教育情境适时调整班级活动的形式，班级活动很难取得好的效果，甚至会中途夭折。有位班主任在家长会上得知很多学生电视瘾、上网瘾很大，第二天组织了这样一次主题班会：

在家长会召开后的第二天，我就不失时机地组织了名为"向电视瘾、上网瘾说再见"的班会活动课，以配合家长的教育行动，同时趁热打铁，让可能会成瘾的学生警醒过来。一向在班会课上挥洒自如的我，十分自信能将此次班会课按照事先的设计，顺畅完成每个环节。

一切都在我的掌控之中……

"抗议！抗议！"在我将"向电视瘾、上网瘾说再见"的班会主题板书在黑板上方时，学生七嘴八舌地喊道。

"谁喊得最起劲儿？"我转过身，面向学生厉声问道。

"我！"一向都爱跟我辩论的阿朝站了起来，不服气地看着我。其他学生则直愣愣地看着黑板，不知所措，这样的班会开场白绝无仅有。

"你抗议什么？"我不再想班会的设计了，我只想"收拾"这个敢带头起哄的学生。

阿朝一点儿都没表现出要屈服的样子，反而理直气壮地说："你这样做是限制少年儿童的人身自由，是违法行为。我们就是要抗议！"

我一听自己的一番好意被误解，心中的怒火"腾"的一下就上来了。我大声说道："我什么时候限制你们自由了？我只是说告别电视瘾、上网瘾，我让你们不准看电视、上网了吗？"我边说边用红色粉笔在黑板上的两个"瘾"字处画了两个圆圈，以示强调。

"哦！是这样的呀！"阿朝吐了一下舌头，扮了个鬼脸，便不好意思地坐了下去。

战胜了第一个对手，我并未有过多的喜色，因为班里一些成绩优异的女生和部分调皮的男生，正以一种不屑一顾的表情看着我，摆出一副任你讲什么，我全不放在心上的"歪样"。这种对抗让我感到在班会课上前所未有的挑战。"怎么办？怎么办？"我平静地看着学生，心里却乱成了一团麻。

"实话实说！非让他们服气不可！"我下了要应战到底的决心。我先援引了家长唉声叹气向我倒苦水的话，接着，又分析了个别常爱拖欠作业、上课注意力不集中的学生看电视成瘾、上网成瘾的事实。身边的人和事，还让学生觉得不相信的话，那就是自己欺骗自己。

我正提议让学生互相交流一下"不看电视，不上网，我们还可以做什么？"时，时间不作美，下课铃声响了，我只好让学生将交流的内容写在纸条上，按老规矩交给班长，由他整理出结果并张贴在教室的公示栏内。

这节班会课之所以会失败，并不是班会主题定的不好，而是因为班主任在组织的过程中没有及时根据教育情境生成适当的活动方法。当班主任刚一写下班会主题时，学生便抗议声一片。这位班主任非但没有对学生进行安抚，还用压制的方式"厉声"呵斥学生，并以"收拾"的心态来对待学生。经过一番针锋相对之后，班主任尽管让学生明白了不是不让他们看电视、上网，而是要让他们不要成瘾，但是，敌对的情绪已经形成，"一些成绩优异的女生和部分调皮的男生，正以一种不屑一顾的表情看着我"。此后，班主任又以"应战到底的决心"摆事实，讲道理，但时间非常仓促，没有取得很好的效果。在这个案例中，如果班主任能够在发现学生对立情绪严重时适时检讨一下"一切都在我的掌控之中"的盲目自信，采用温和的方式让学生说说自己为什么抗议，缓解一下学生的不满情绪，然后再解释开展这个班会的原因，学生会更容易接受。

第三章

班级活动的评价

班级活动评价是通过系统地搜集、分析班级活动中的各种信息，对目标设计、内容选择、实施过程和最后结果进行的价值判断。其实质是判断活动价值，改进活动实践，促进整体发展。班级活动评价是保障班级活动持续进行的关键环节和重要依据，是前一活动的相对终结和下一活动的起点。科学认识、有效实施和妥善利用评价，关系到班级活动开展的质量和效益，是学校实现教育目的的重要前提和保障。

班级活动评价概述

目的性是人类活动的首要特点。班级活动评价是在一定的目的指引之下进行的，而目的的实现必须通过明确的任务。任务完成的质量取决于是否具有明确操作价值的内容和活动。只有清晰、明确的目标之下的高质量地完成任务和落实内容，才能真正促进儿童身心的发展。而这一切有赖于班级活动评价作用的发挥。

一、班级活动评价的目的与任务

（一）班级活动评价的目的

班级活动评价的目的是指评价主体欲使评价对班级活动发生什么影响。也就是说，评价主体期望通过评价过程和评价结果对班级活动产生何种效用。教育目的是一切教育活动的出发点和归宿，因此是班级活动评价的根本依据。一般而言，班级活动评价的目的可分为三个方面：促进师生发展、改进班级活动和加强班级建设。

1. 促进师生发展

班级活动评价的目的之一是促进师生共同发展，这也是学校教育的首要目的。一项班级活动在设计之初就应该考虑能否促进师生共同发展，促进师生哪些方面的发展，向什么方向发展，发展到什么程度。而评价就是要看该班级活动在多大程度上实现了预期目标。另外，不能为了评价而评价，也不能只为了选拔与甄别而评价，评价关键要看能不能促进师生发展，这是班级活动评价的重要方面。

2. 改进班级活动

班级活动评价在致力于促进师生发展的同时，也要不断地监视班级活动自身，看其有什么能够继续发扬的优势和需要做出改进的不足，从而使班级活动日臻完善，更好地实现学校教育目的。

3. 加强班级建设

班级活动评价要促进和加强班级建设，这也是其目的之一。通过班级活动评价，看到在班级建设中存在什么问题，需要做出哪些方面的努力，然后提出相应的对策，做出实际的改进。

（二）班级活动评价的任务

为了使班级活动评价切实发挥作用而不至于流于形式、无果而终，需要明确班级活动评价的任务。明确任务意味着知道在评价活动中该做些什么，也意味着评价活动有的放矢，有章可循。

1. 厘定评价目标

班级活动评价的首要任务是厘定评价目标。在评价之前，需要明晰评价的目的，也就是要弄清楚评价是为了什么，要通过评价达到什么样的结果。这些目的不是模糊的、一般的，而是确切的、具体的。厘定班级活动评价目标需要从三个方面考虑：①看评价能否促进师生发展，促进师生哪些方面发展，促进其发展到什么程度；②看评价对于改进班级活动有什么功效；③看评价能否改善班级建设，在哪些方面可以改善班级建设。

2. 建立评价指标

厘定班级活动评价目标之后，紧接着就要建立相应的评价指标。班级活动评价指标是评价目标得以落实的重要载体，是对评价对象认识的反映，是将评价任务具体化的方式之一，也是评价得以操作、实施的必要条件。具体指标应依据不同的评价目标和评价方式分别确立。比如，定量评价一般要求多级评价指标，并对不同的指标赋予不同的权重分数。而定性评价则要确定考察的方面。评价指标体系的建立，详见后面班级活动评价内容部分。

3. 明确评价主体

厘定了评价目标、建立了评价指标之后，就要明确由谁来评价。评价可以是学生对班级活动价值的自我判断，可以是来自同伴的认定，可以是作为班级活动督导者和参与者的教师的评判，可以是学者、专家的专业评定，也可以是社会人士的看法，还可以是来自家长的体悟。班级活动评价倡导多元主体评价，倡导由跟活动有关的人员组成评价共同体进行评价。

4. 确定评价对象

确定评价对象就是明确评价什么。就班级活动开展而言，可分为活动设计评价、活动过程评价和活动结果评价；就活动效果而言，可以为学生发展评价、教师发展评价、班级发展和活动发展评价；还可以是元评价，即对评价者、评价手段和工具等的评价。

5. 选择评价方法

班级活动评价的方法可分为定性评价和定量评价两种。定量评价就是运用标准化的工具，收集和处理数据资料，从而对评价对象进行量化的价值判断的过程。它具有客观化、标准化和精确化等特点，但对于难以测量的品质则不能适用。定性评价又称为质性评价，是运用分析和综合、比较和分类、归纳和演绎等分析方法，对所获得的数据和资料进行描述性的评判，对评价对象作概念、程度上的质的规定，然后进行分析评定，以说明评价对象的性质和程度。定性评价的方法有等级法、评定法、评语法等。与定量评价关注"量"的变化相比，定性评价更加关注"质"的发展。但定性评价有时做出的评价结果模糊笼统，难以精确把握，故而在实际评价中常常与定量评价结合运用。

6. 开展评价活动

开展评价活动是整个班级活动评价中最重要的一环，直接关系到班级活动的发展和评价活动价值的实现。评价活动开展的主要过程包括收集评价资料和案例，并对其进行整理和分析。收集、整理、分析资料要客观、全面、合理，不能以偏概全，做出言过其实的分析，也要防止资料如山，而不能说明任何问题，形同虚设。

7. 做出评价结论

在对资料收集、分析的基础上，做出科学、合理的评价结论，是班级活动评价成功与否的关键所在。评价结论的做出要建立在对收集的资料进行科学分析的基础之上，不能先预设一个结论，再找资料往上硬套。另外，评价结论要审慎，最好能够做到多种渠道的评价结论相互结合、相互印证，防止虚假的结论对当事人可能产生的负面影响，杜绝做出似、大、空的结论。

8. 总结评价成效

班级活动评价活动的收关环节是对评价本身进行评价、总结，包括验证评价结论，肯定评价中有价值的部分，发现评价中存在的问题，并找出相应的对策，为以后的评价积累有益经验。

二、班级活动评价的内容与作用

(一) 班级活动评价的内容

班级活动评价的内容也就是要"评价什么"、"从哪些方面进行评价"。内容受制于目的，有什么样的评价目的，就应有为促进此目的的实现而设计的相应内容。因此，根据评价目的，班级活动评价内容可分为三大块：学生与教师的共同发展、班级活动的改进与完善、以及班集体的成长与建设。

1. 学生发展评价

班级活动中的学生发展评价包含较多的内容，可以从不同的角度对之进行分析：可以根据活动的过程进行评价，也可以按评价主体的不同展开评价，还可以根据不同的活动内容进行评价。具体采用何种方式，应根据实际，综合考虑。

（1）按班级活动的过程开展评价。

按活动的过程开展评价指的是依据班级活动进展的顺序进行有针对性的评价，可以分为活动准备评价、活动实施评价和活动总结评价三个部分。

第一，活动准备评价。这一部分的评价包括问题的产生、主题的确立和计划的制订，具体有：学生问题意识、问题的价值与创造性、目标的拟定、分工与合作情况和方案的合理性。

第二，活动实施评价。这一部分评价的主要内容有：资料的收集与整理情况、各种方法的运用情况、个人在活动中的参与情况、与他人的合作情况，以及创新意识等方面。

第三，活动总结评价。这一部分评价涵盖的方面主要有：活动目标的实现情况、活动取得成果的情况、成果展示的方式以及感悟与体会等。

[范例]

表 学生评价表

活动阶段	评价内容	等级（或情况描述）		
		A	B	C
问题产生	留心观察生活，对生活有好奇心			
	爱动脑筋，能对生活及周围事物提出问题			
主题确立	问题来源于生活及学习			
	能对问题进行归类，确定有价值的主题			
	主题具有一定的创新性			
计划制定	活动目标明确、具体			
	制定的行动方案切实可行、具有可操作性			
	人员分工合理			
活动展开	主动收集和查阅资料			
	运用自己的知识经验分析问题并寻找规律			
	经常总结活动得失并适时调整活动计划			
	在完成自己承担任务的同时能帮助其他同学			
	虚心听取他人意见，敢于发表自己的见解			
	及时整理活动成果			

活动阶段	评价内容	等级（或情况描述）		
		A	B	C
展示交流	活动目标的实现情况			
	展示内容的丰富、真实、具体			
	展示形式的多样与创意			

以上内容分类并不是固定不变的，不同的活动可以视情况在这些内容的基础上进行细化或者重新分类。

（2）按评价主体的不同开展评价。

班级活动中的学生评价还可以按评价主体的不同来进行。站在不同角度的评价者的评价，可以帮助学生综合认识自己在活动中的表现，及时发现自己的长处和不足。

第一，自我反思与评价。主要是引导学生回顾班级活动的全过程，并对自己的表现进行反思与评价，包括活动中遇到的困难和问题、收获和感悟、以后努力的方向，以及收集整理资料的情况、合作的情况、各种方法的运用情况、创新意识等。

第二，同伴评价。主要是从合作伙伴的角度对同学进行评价，包括同学在活动中的表现、态度和探究能力等。

第三，教师评价。在学生自我反思和其他同学评价的基础上，教师可以对学生在班级活动中的表现做出整体的评价，比如活动准备阶段的表现、分工与合作、活动方法的选择与运用、活动成果的取得和创新能力等方面。

第四，家长、社会人士与专家学者的评价。家长评价是为了能使家长参与到学生的活动中来，关注学生的实际表现和变化，配合、支持学生的活动和学校的教育教学。社会人士与专家学者的评价主要是为了使这一部分人参与班级活动，对班级和学生发展提出建设性的建议，并提供一种社会性的支持与指导。

[范例2]

表　评价表——我的反思

项　目	内　容
在活动中遇到的最大困难	
对活动成果的满意程度及原因	
改进的方向	

项　目	内　容
活动中最深的感受	
本次活动的收获	
对指导老师说的话	
其他	

表　自我评价表

评价内容	评价等级				
	1	2	3	4	5
参与活动的积极性					
对于活动主题，能否提出自己的想法和意见					
活动中能否积极地与他人进行合作					
是否能与他人共同分享自己的活动成果					
活动中能否帮助他人解决一些困难					
活动计划的合理性					
能否根据实际情况不断调整自己的活动计划					
是否有过创造性的建议或行为					
对自己收集处理资料情况的满意度					
在活动中综合运用不同学科知识或方法的情况					
遇到困难时的表现					
对自己活动成果的满意程度					

　　注：本表评价等级中，1 为最低等级，5 为最高等级，从 1 到 5 依次递进。填表时，可以在空格内画上"√"。

表 同学评价表

在活动中所提的提议	合理 ☐	有创意 ☐	还需加油 ☐
在活动中的表现	积极 ☐	随大流 ☐	还需加油 ☐
对待别人的意见	接受并改进 ☐	能接纳 ☐	不够虚心 ☐
探究能力	很强 ☐	还可以 ☐	需要再努力 ☐
态度	勤劳肯干 ☐	想干又怕苦 ☐	不够积极 ☐
建议			

表 教师评价表

评价项目	评价内容
在活动主题确定阶段的表现	
在分工和合作方面的表现	
方法与手段的选择	
活动成果情况	
独创性的表现	
其他	
建议	

表 家长评价与意见表

项 目		评价与意见
活动之前	您是否支持孩子参加此次活动？为什么？	
	您对本次的活动有何建议？	
活动之后	您的孩子参加这次活动前后有何变化？	
	您是否看过本次活动中孩子的成果？有何感受？	
	其他	

（3）按活动内容的不同开展评价。

班级活动评价可以针对不同的活动内容进行有针对性的评价，如对小组活动进行评价，对调查活动、社区服务活动进行评价等。

[范例3]

表　学生社区服务活动评价表

参与服务人员 （小组成员）姓名		小组长	
活动的主题			
组内分工	（请将策划者、联络员的具体分工情况附表）		
是否请指导 教师参与		指导教师姓名	
本次活动的 主要目的			
社区的名称		是否有社区服务方案	（请附后）
服务社区的形式		服务起止时间	总计　　小时
主要服务对象		社区的联络 人员或机构	
社区服务过程 简要记录			
服务的成效			
服务对象对 活动的评价 （不少于3人）			
学生对社区服务 活动的自我反思			
指导教师的评价			

表　小组活动评价表

评价内容	评价等级			评价依据
	好	中	差	
资料的收集和保管				
小组成员团结协作				

评价内容		评价等级			评价依据
		好	中	差	
目标达成情况					
活动中的研讨					
成果交流	内容				
	形式				
新的发现、新的问题					
小组自评					
教师评价					

2. 教师成长评价

班级活动中的教师评价既可以通过不同主体对教师进行整体评价，也可以就某些方面对教师进行定量评价，还可以对教师在活动中的表现进行质的评价。

（1）不同主体对教师进行的评价。

可以由不同的主体对教师进行评价，包括教师的自评、学生的评价、家长的评价、同事的评价、领导的评价，以及社会人士的评价等。通过来自不同主体的评价，可以帮助教师对自己的工作进行全面的回顾和深刻的反思，增进和学生、同事、领导、家长和社会人士等的交流与沟通，使教师获得来自不同方面的看法和支持，获得信心，明确以后改进工作的方向。

［范例4］

表　教师评价表一

姓　名		评价时间	
自我评价			
学生的评价			
家长的评价			
同事的评价			
学校领导的评价			
今后的打算			

（2）按照活动进程对教师进行的评价。

对教师的评价可以按照活动的进程进行，包括活动前的设计与准备、活动过程中的组织与指导、活动结束后的总结与思考等，以反映教师在班级活动实施中的综合表现和整体情况。

[范例5]

表　教师评价表二

评价项目	一级标准	二级标准	评价等级			
			A	B	C	D
目的内容	目标明确	符合培养情感态度、综合知识、实践技能、学习策略的目标要求				
	内容主题	贴近学生的生活实际，反映社会发展、经济建设和科技发展要求				
		内容恰当，分量适当，难易适中				
		符合身心发展要求，促进学生个性发展				
		丰富学生体验，培养兴趣爱好				
		开发利用各种课程资源，拓宽信息渠道				
		围绕主题活动，综合运用各科知识				
	实践操作	主题活动设计方案具体可行，便于操作				
活动过程	活动组织	走进社区，走入社会，走向大自然				
		活动组织形式多样				
	活动展开	方法得当，体现探究、体验等学习方式				
		自主活动，主体性得到充分发展				
	活动指导	教师是指导者、合作者、参与者				
		指导方法娴熟，形式多样，方式灵活				
	活动步骤	活动导入贴切自然				
		师生合作愉快顺利				
		活动过程协调紧凑				
		活动拓展合理有效				

评价项目	一级标准	二级标准	评价等级			
			A	B	C	D
活动效果	体验程度	自主思索、设计、操作和解决问题				
		积极体验，陶冶情操，愉悦身心				
	参与程度	主动参与，自主实施，活动范围广				
		动手操作、实践能力强				
		成果有创意				
	知识结构	知识面宽，综合运用知识能力增强				
	学习策略	方式方法多样，自主学习，探究学习				
		创新意识和动手操作能力				

（3）按照业绩对教师进行的评价。

班级活动中对教师的评价还可以就指导学生数、参与教研活动等一些业绩指标进行，这些评价可以由教研室、教务处等组织进行。

[范例6]

表　教师业绩考评表

教师姓名			课题名称			
内容及标准			等　级			
			优	良	合格	不合格
学生反馈（50%）		全程参与				
		工作态度				
		指导水平				
工作量（30%）		指导人数（小组）				
		指导次数				
		参与教研活动				
		填写教师指导手册				
成果（20%）		指导学生完成预定成果				
		指导教师的案例或体会				
		总评等级				
评语						

3. 班级建设评价

班级活动中的班级建设评价是指通过教育者（尤其是班主任）对班级活动价值的认识和对班级活动的组织管理等方面的考查，提高教育者对班级活动的认识水平，改进对班级活动的组织与管理，促进班级和班级活动发展的健康化、常规化。其内容包括考查教育者的认识程度、对班级活动的组织管理水平等方面。

[范例7]

表　班级建设评价表

评价项目	一级标准	二级标准	评价等级			
			A	B	C	D
活动理念	育人目标明确	教育者（班主任）充分认识班级活动价值				
		教育者（班主任）高度重视班级活动组织与实施				
		能够评估学生需要、环境特点				
		班级活动目标明确具体				
	对班级活动进行整体规划	制定了班级活动的长远规划和方案				
		制定了班级活动的学年（学段）计划				
		制定了班级活动的学期（月、周）计划				
	构建班级活动整体框架	整体考虑班级活动的年级衔接				
		整体考虑不同活动方式以及内容主题的开发				
		综合规划班级活动实施的整体结构				
班级管理	时间管理	保证班级活动时间				
		合理安排活动时间				
	管理机构设立	成立管理小组				
		建成课题组				
	管理制度制定	制定了奖励制度				
		制定了评价方案				
		制定了研究方案				

评价项目	一级标准	二级标准	评价等级			
			A	B	C	D
活动资源开发	班内活动资源开发与利用	班级空间、时间、信息、物质资源能够合理、充分利用				
		教师、学生的特长、兴趣及思想、能力资源的利用				
	班外活动资源开发与利用	学校活动资源的开发利用				
		家庭活动资源的开发利用				
		社会活动资源的开发利用				
活动实施	开发活动内容主题	尊重学生特长，联系学生生活				
		反映班级特色				
		体现学校、社会环境特点				
	组织活动实施	以主题活动形式实施				
		制定具体指导策略				
		采取安全保障措施				
	评价活动	设计学生评价方案				
		建立学生活动成长手册				
		制定班级活动评价措施				
	完善活动结构	不断生成新主题				
		能与学科进行整合				
活动实施	创建班级文化	良好班级文化氛围形成				
		良好师生关系建设				
	促进班级与学校、社会的良性互动	积极参与学校各项活动				
		开展社区服务，有固定服务对象				
		积极参与有意义的社会活动				
		聘请社会人士作为指导老师				
	转变师生生活方式	教师教学、管理方式有较大改变				
		学生学习方式有较大转变				

以上评价内容只是粗线条勾勒，在具体的评价过程中可以根据实际需要进行相应的调整和改变。

（二）班级活动评价的作用

班级活动评价的作用是指评价实际对班级活动产生的各种影响。不同的评价方式或评价过程会对班级活动产生不同的影响。班级活动评价的作用可能与预期目的相吻合，也可能不一致，这取决于评价主体对班级活动评价功能的认识和对班级活动的认识，以及评价的具体实施情况。

评价的根本目的在于促进发展，而绝不是简单地区分优劣高下。班级活动评价除了基本的检查和固有的选拔、筛选作用以外，更重要的是具有促进学生、教师和班级发展的作用。

1. 展示激励

班级活动评价把评价过程看成是为被评价者提供一个充分展示自己的平台和机会，使其长处、优势可以尽情发挥。另外，班级活动评价也为被评价者提供及时的反馈信息，使被评价者能够清楚自己的长处和不足，起到一种积极、有效的激励作用。

2. 反思总结

班级活动评价强调每个个体的积极参与，这就对个体产生一些压力，这些压力的存在将会调动个体的动机，让他们主动进行反省和反思，使他们认真总结每一次活动，为后续活动做好准备。随着这种评价的日常化，将有助于师生共同形成良好的反思与总结习惯。

3. 记录成长

班级活动强调综合、全面的评价，既包括评价内容的多元化，又包括评价方法、手段的多样化，并且重视评价的日常化。这样的评价能够清晰、全面地反映个体或集体发展的点点滴滴，是个体或集体成长的"记录手册"。

4. 指导引领

班级活动评价渗透在班级活动的每一个环节，其作用与班级活动过程同等重要，这将对教师在活动中的角色及行为、学生的行为方式等方方面面产生重要影响，引导班级活动走向积极、健康的发展道路。

班级活动评价的实施

班级活动评价的实施就是实际进行评价活动，一般包括确定评价目标、做好准备工作、实施评价和对评价进行总结四个阶段。每一个阶段的工作都关系着评价价值的实现和作用的发挥。

一、确定班级活动评价目的

确定评价目的是实施班级活动评价的第一步。评价目的是指"为什么要进行评价",进一步指明了评价工作的方向。如果没有确定目的就进行评价,往往会出现很大的盲目性,其结果将导致评价活动紊乱无序、随心所欲,使评价结果效果差、信度低。

班级活动评价对象有许多,有从学生角度出发的,有从教师角度出发的,有从班级角度出发的,还有从班级活动本身出发的。评价对象不一样,评价的目标、收集资料的范围和工具,以及对资料的分析处理也不尽相同。

确定好评价目的之后,还必须把它们分解成为具体可行的指标,使它们可直接为评价方案所利用。有的目的需要经过多次分解才可成为评价方案中的指标内容。在分解的过程中,应力求使每一分解开来的指标内涵明确、表达简洁、层次清楚、结构严谨。

二、做好班级活动评价准备

"凡事预则立,不预则废。"准备阶段是班级活动评价具体实施前的必备阶段,是班级活动评价必不可少的一个环节,是顺利进行班级活动评价的先决条件。一般来说,在准备阶段需要做好以下工作:

(一) 确定评价人员

在准备阶段首先要确定"由谁来评价",可以是教师,可以是学生,可以是学校领导,可以是家长,也可以是其他社会人士。具体选择哪些人员来对班级活动进行评价,一要考虑活动的目的和具体内容,二要考虑班级的实际情况,尽可能同时有多个主体进行评价,以保证评价结果客观、公正。

确定好评价人员之后,还要视情况组织他们学习,统一他们的思想和认识,使他们能与评价对象协调一致,团结合作,高质量地完成评价任务。

(二) 制定评价方案

评价方案的制定是整个准备阶段最具实质性和关键性的工作,直接关系着评价方案的成败。班级活动评价方案的主要内容包括:评价的对象和目的要求;评价的组织和领导;评价指标体系;评价方法、程序;评价的时间安排;评价的注意事项等。一个好的评价方案应是:评价目的明确,指标体系合理,方法措施具体,时间安排合理,内容详细周全,步骤完整齐备。

(三) 选择评价方法

班级活动评价的方法多种多样,从形式上看,有个人报告、学生活动小组评定、评价小组综合评定等;从评价方式上看,有成果汇报、作品展示、研究报告答辩、竞赛、专家审议等。不同的评价方法作用不同，需要根据评价目的、评价内容、评价主体等因素选择合适的评价方法，才能更好地进行评价，实现评价的目的。

（四）设计评价工具

评价工具是进行评价的手段和支柱，主要有量表、反思单、综合评定表等。设计适用于一定目的和内容的评价工具，对于评价资料的收集和分析、评价结果的呈现和处理等都有重要作用。评价工具的设计，不仅要重视学生的活动结果，而且要关注学生在活动过程中的体验和收获；不仅要考查小组，还要以小组为基础考查学生个体的表现；不仅为了管理和督导，而且最终要为参与者的发展服务。

[范例8]

表　儿童学习档案反省单（学生）

儿童姓名		日期	
1. 为什么你把这件作品放入本学习档案中？			
2. 你学到了什么？			
3. 这个作品的优点是什么？			
4. 如果你继续这部分的工作，你会增加、减少什么或做什么样的改变？为什么？			
5. 在从事这部分工作时，你遭遇到什么问题？你是如何解决的？			
6. 你最满意的是哪一次的表现？为什么？			
7. 你最不满意的是哪一次的表现？怎么做会更好？			

儿童姓名			日期	

8. 你的作品哪些方面合乎评分标准？哪些方面没有？

9. 对于老师、父母和同学给你的评语，你想对他们说什么？

10. 你最想让谁看到你的档案，为什么？

给孩子的话

教师签名：＿＿＿＿＿＿＿

表　儿童学习档案检阅单（家长）

检阅者：	日期：
儿童姓名：	

　　请阅读孩子资料夹中的每一样作品，其中包括草稿与评语。

　　每一篇的排列顺序是由前到后，从草稿到最后成品。除此之外，每一篇都附有教师和同学对您孩子作品的评语。

　　我们相信最好的儿童作品或学习表现要从儿童本身开始着手，然而此项工作必须有更大的读者群来加以响应。因此，我们鼓励你们成为子女的读者以及欣赏的成员。

　　在您阅读此资料之后，请与您的孩子谈一谈他（她）收集这些作品与各种表现的心得。另外，请您用几分钟时间回答下面的问题：

1. 资料夹中的哪一篇作品最能贴切地反映您孩子的生活与学习？

检阅者：	日期：
儿童姓名：	

2. 它告诉了您什么？

3. 从孩子资料册中您所看到的优点是什么？

4. 在学习过程中，您的孩子获得的最大进步是什么？哪些方面是需要再加强的？

5. 您对他的学习与表现有何意见？

6. 其他的评语建议。

万分感谢您对孩子学习档案的阅读卡提供宝贵意见。

表　儿童学习档案省思单（教师）

1. 我是否提供清晰、明白的方向让学生知道主题活动内容、评量项目与记分规范？
2. 学生知道如何准备档案资料以及反省重点吗？
3. 档案中各层次的目的，包括科目或领域的学习、成长的过程与环境的互动，是否达成了？优点是哪些？还有哪些要改进的？
4. 档案看起来是否不同于一个累积作品的资料夹？

5. 档案清楚明白地预示活动主旨，让外人一看就知道学生在进行的工作吗？

6. 学生珍视自己的学习档案吗？理由是

心声话语

教师签名：_____ 日期：_____

三、实施班级活动评价

班级活动评价的实施阶段，就是指实际进行评价活动的阶段，它是整个评价的中心环节，也是评价组织管理的重点。在这一阶段，除了做好与评价有关的宣传动员工作之外，关键是要系统、全面地收集评价信息，科学、合理地处理评价资料。

（一）搜集评价信息

搜集评价信息是进行班级活动评价的基础性工作。评价信息是进行评价的客观依据，是做出科学结论的必要条件。占有充足的评价信息，就能使评价结果客观、公正，使评价的作用尽可能发挥。否则，评价就会陷于片面随意和主观臆测，甚至使评价无法进行下去。所以，在评价实施阶段，要根据评价指标体系广泛搜集评价信息。搜集评价信息应注意以下几点要求：

1. 要注意评价信息的全面性

所谓评价信息的全面性，是指评价信息要能充分反映评价对象的全貌和全过程，不能有某一方面或某一环节的疏漏。否则，就无法科学、准确地对评价对象进行全面、综合的评定。

2. 要保证评价信息的准确性

班级活动内容丰富多样，情况千变万化，可收集的评价信息繁多庞杂，应根据评价指标体系，收集那些最能准确反映班级活动实际情况的信息。

3. 要取得足够的信息量

信息的准确性，反映的是信息的质。从质和量的关系看，质以一定的量为必要条件，决定于数量的界限，没有一定的量就没有特定的质。因此，反映评价对象活动的信息，需要有足够的量。这里所要求的足够的量，并不是说信息越多越好，而是要求所获得的信息量应足以保证对评价对象的性质做出准确、客观的价值评判。

（二）整理评价信息

整理信息，主要是指将收集到的评价信息反复加以核实，对评价信息的全面性、准确性、适应性以及收集评价信息方法的可靠性认真进行检查、分析和整理，以便于做出有效的评价结论。班级活动评价信息的整理程序如下：

1. 归类

将各个评价者通过各种渠道所取得的评价信息资料在规定的时间内汇集归拢，初步理出类别。

2. 审核

将归类的评价信息进行审核，即根据既定的班级活动评价目的，对全部评价信息逐一核实，进行去伪存真、去粗取精的鉴别和筛选。对缺欠的信息，要及时补充收集；对不重要的、代表性差的信息要舍弃；对需要运用统计手段加工的信息，如计算平均数、标准差、标准分数等，和需要画统计图、表等，及时进行统计加工处理，使评价信息具有完整性、真实性、准确性、清晰性。

3. 编号

将审核后的评价信息根据评价指标体系分门别类地制成一定的表格形式或卡片形式，并进行编号存储，以备检索、分析。

（三）分析评价资料

在对评价资料整理之后，紧接着就要对之进行分析，以便得出评价结论。对班级活动评价中量化数据的描述、汇总和推断，对质化信息的分析判断是这一阶段的重要工作。

一般来说，评价资料的分析可以分为定量分析和定性分析两种，但在实际的分析中，常常是将两者结合运用。定量分析是将评价资料用数学语言进行描述，它依据统计数据，建立数学模型，并用数学模型计算出分析对象的各项指标及其数值的一种方法。一般在进行定量分析时，常常要以适当的定性分析开路。另外，定性分析有时也用于解释由定量分析所得的结果。定性分析是用语言文字进行的相关描述，它主要凭借分析者的直觉、经验，依据分析对象过去和现在的延续状况及最新的信息资料，对分析对象的性质、特点、发展变化规律做出价值判断的一种方法。定量分析与定性分析相辅相成：定性分析是定量分析的前提和依据，没有定性分析的定量分析是盲目的、毫无价值的；定量分析是定性分析的具体化，它使定性更加科学、准确，帮助定性分析得出科学、合理的结论。只有将二者结合起来灵活运用才能取得最佳效果。

尽管二者相互关联，互为补充，但在实际的运用中还应看到其间的区别，以便更好地发挥各自效用，取得理想的结果。二者区别见下表：

表　定性分析和定量分析的区别

	定性分析	定量分析
目　的	对潜在的理由和动机求得一个定性的理解	将数据定量表示，并将结果从样本推广到所研究的总体
样　本	由无代表性的个案组成的小样本	由有代表性的个案组成的大样本
数据收集	无结构的	有结构的
数据分析	非统计的方法	统计的方法
结果	获取一个初步的理解	建议最后的行动路线

班级活动评价不论采用何种分析方法，都要指向被评价者发展的个性化分析与判断。所谓被评价者发展的个性化分析与判断是指以被评价者发展的历史过程为参照系，比较其某一阶段发展在整个历史发展中的位置，也就是让被评价者的今天与昨天比较，发现长处与不足，以便促成进一步的发展。评价者的首要任务是描述被评价者发展的轨迹，展望其进一步发展的可能方向，提示发展的途径和方法，而不仅是分析其某一方面的发展水平在总体中的位置。因此个性化分析与判断不是侧重共性分析，更不是单纯排列名次、累计获奖次数、公布获奖名次，而是切实促成被评价者的进步与发展。

（四）形成评价结论

班级活动评价最终要形成一定的结论。结论是对被评价者的激励，帮助其看到自身优势，获得自信，了解不足，以便更好地改进。形成评价结论需慎之又慎。如果结论不当，不仅不能帮助被评价者看到自己的优势与不足，反而会挫伤其进一步参与活动的积极性，剥夺其机会，阻碍其发展。对于形成合理、有效的评价结论，需要注意以下问题：第一，评价结果的表述，要实事求是，无论优劣，都不能夸大其词；第二，描述的语言要通俗易懂，可接受性强；第三，尽量从学生或教师个体历史发展角度，肯定成绩，查找原因；第四，与学生或教师群体比较，需要依据对象的心理特点，谨慎表达；第五，评价结果，最好征求学生或教师个体的意见，决定是否公开；第六，自始至终，将激励学生或教师主动参与活动作为评价的理想追求。

至此，班级活动评价实施过程算是告一段落。但整个评价还没结束，还需要对评价进行总结，判定评价本身的价值和意义，以便为后续班级活动评价的开展提供参考、建议和指导。

四、总结班级活动评价

班级活动评价的最后一个环节是对评价进行总结，包括对评价结果的合理性进行检验，对评价结果的有效性进行分析，认真对待评价结果反馈，为后续评价做出适切的决策。

（一）检验评价结果

总结班级活动评价的第一步是对评价结论的合理性进行检验。如果结论适切，说明评价的目的、过程、程序等环节都科学、合理；如果结论不合宜，则要查找原因，汲取经验，对已造成或可能造成的不良后果进行及时补救。检验评价结果的合理性需要做到：第一，要看其是否被评价者所接受；第二，要看结果与目的的吻合程度，如果结果与目的不吻合，则评价结果便不具有合理性；第三，要看评价资料的可信度是否有保证，资料如不真实可信，则评价结果毫无价值可言；第四，要看各种影响因素是否悉数涵盖，如果不能全部涵盖，则不能排除结论的偶然性，这也会伤害到评价结果的合理性；第五，要看评价者是否存在偏见，如果评价者本身对被评价者有偏见，则结果无疑不会合理；第六，要看评价方式是否清楚，如果评价方式本身含糊不清，则通过该方式而形成的结论便似是而非；第七，要看评价工具是否可靠，如果不可靠，则评价结论"文不对题"，根本无合理性可言。

（二）分析评价结果

经过对评价结果的检验，如果表明是合理的，还要对其有效性进行分析，因为合理的不一定是有效的。分析评价结果的有效性需要做到：第一，要看评价目的是否合理，如果评价目的本身有偏差，则评价结果无论有多合理，其有效性也是值得怀疑的；第二，要看评价范围界定是否合适，如果评价范围不合适，则评价结果也缺乏有效性；第三，要看评价资料收集方法是否切合相应的文化背景，如果不合适，则其结论可能合理，但一定不会适合被评价者；第四，要看评价工具是否适合于评价目的，工具与目的相称，其结果也便有效；第五，要看评价资源是否完备，如果缺少相应的时间、经费、人力等评价资源，则评价结果的有效性便大打折扣；第六，要看评价的程序是否遵守一定的伦理标准，如果不是，结论的有效性便不能确保。

（三）反馈评价结果

评价结果产生之后，需要认真对待相关的反馈信息。评价结果的效用如何，要有相关的反馈信息来说明。这就要求建立信息反馈的通道，以便及时、准确地获得反馈信息。在得到反馈信息之后，要对整个评价过程进行反思，看看它成功在什么地方，问题存在于什么地方，然后提出初步的改进方案，并将这一方案反馈给评价结果的承受者。如有可能，可以多次循回反馈，获得准确的信息，做出合理的决策。

（四）做出合理决策

在对整个评价活动进行总结之后，自然要为以后开展评价活动做出适切的决策，包括如何准确制定评价目标、如何做好评价准备工作、如何有效实施评价活动和如何对评价进行科学总结等。至此，本次班级活动评价便算完成。

班级活动评价的方法

班级活动评价的方法很多，可以从不同的角度进行归类。笔者就常见的班级活动评价方法进行分析，这些方法包括：单项评价和综合评价，诊断性评价、形成性评价和终结性评价，相对评价和绝对评价，定性评价和定量评价，自我评价和他人评价。评价者可以根据实际情况选择适合的评价方法。

一、单项评价与综合评价

单项评价指针对班级活动某一方面的状况进行评价，比如，可以只评价作为班级活动主体的学生或者教师，也可以只对班级活动过程中的某一个环节进行评价等。单项评价可以以较少的人力、时间，了解评价对象某个方面的情况，更详细、全面地获取这一方面的信息，有针对性地提出具体的意见与建议。

综合评价指对班级活动评价对象的方方面面作整体性的价值评定。比如，可以对班级活动的设计与准备，实施与指导，总结与反思等方面进行全面、系统的评价。综合评价可以整体了解、全面把握班级活动的状态。由于综合评价涉及的评价内容层面较多，其组织与实施需要精心设计；评价人员应由各方面的内行组成；评价实施应有充裕的时间了解详细情况、获取评价信息；应事先通知评价对象准备评价所需各种资料，避免评价过程走马观花，评价结果主观武断。

二、诊断性评价、形成性评价与终结性评价

诊断性评价指为使班级活动的形式、内容、过程等更适合学生的自身条件及需要而进行的评价。一项班级活动进行之前，运用诊断性评价了解学生的条件与需求，以便针对其条件与需求确定活动的目标、内容、形式、方法

等。例如，在一项班级活动举行之前进行诊断性评价，以确定学生是否具有进行该项活动的能力与愿望。一项班级活动在进行之中，可运用诊断性评价了解活动对个别学生不奏效的原因。例如，一个班的学生中有几位不能全身心地投入活动之中，教师可以通过诊断性评价寻找其原因。诊断性评价可以先从班级活动入手判断活动内容的难度、活动方式方法是否适当。若排除此方面的原因，则要由学生的身体、情感、家庭影响等方面入手，诊断学生的活动状况是否受班级活动以外的因素影响。诊断性评价可以为制订更适合个别学生或更有效地提高个别学生活动水平的方案提供依据。

形成性评价是指在班级活动过程中，为了不断了解活动的进展，以便能及时对活动进行调整，进而提高活动质量所进行的评价。形成性评价旨在改进班级活动，而不是判断学生在活动中的表现优劣，或评定成绩高低。一次形成性评价针对的是班级活动进程某一阶段的全部内容。例如，在班级活动进行过程之中，及时了解学生参与情况，对那些不能投入参与的学生进行了解，分析其不能很好参与的原因，要么对其加以合理引导，要么对班级活动进行适当调整，以便更好地促进那些学生参与班级活动。如果对评价中反映的偏离目的部分不采取补救措施，如对班级活动的方法、内容、进度等方面存在的问题不作相应的调整，则形成性评价的目的就未达到。

终结性评价指对班级活动的效果进行的评定。终结性评价侧重于对班级活动的结果做出评定，并将评定结果报告给有关人员。终结性评价并不限于班级活动结束之后进行，在活动之中进行的旨在对活动效果作出的评价同样是终结性评价。

终结性评价与形成性评价是同为班级活动结果的一种测定，但二者有较大的区别：首先，从目的上看，形成性评价是为了帮助班级活动取得更好的效果而对于活动的某一阶段或某一环节进行的评价，并贯穿于整个班级活动过程之中，而终结性评价通常是在整个班级活动（一项或全部）结束后，对班级活动取得的成效进行全面评定；其次，从进行次数上看，形成性评价比终结性评价进行得频繁。

三、相对评价、绝对评价与个体内差异评价

相对评价是指从所有评价对象的实际状况中找出评价标准，然后依此标准对每一对象进行的评价。例如，在班级活动中，以评价对象中多数人能达到的水平为基本标准，将评价对象按实际达到的程度排序，超过基本标准的为优或良，低于基本标准的为差。相对评价的结果是显示个体在集体中的位置。在相对评价中，由于人的能力存在差异，无论评价对象实际水平如何，评价结果总有优中差的区别。处在差的位置的个体，有可能总是处在差的位

置上，所以相对评价易使处于不利位置的个体丧失信心。在班级活动中应用相对评价需慎之又慎。

常模参照评价就是一种典型的相对评价。常模参照评价即以班集体的平均成绩为标准（常模），通过个体与常模比较，评定出每个学生在班级中的相对位置。这种评价是以集体的成绩为正态分布条件下采用的，它往往反映的是学生在综合目标下的表现，适合于综合评价，而不是个别的知识或技巧的掌握。这种方法一般可以使教师客观地了解自己实际的业务水平，也能够帮助学生及时了解自己在班级中的地位。

绝对评价是指依据某种需要或要求设定评价标准而进行的评价，即在评价对象集体之外，选择一个与集体无直接关系的客观标准，然后再将评价对象与客观标准进行比较，进而得出评价结论。例如，在班级活动中，教师以是否达到活动的要求为评价标准进行评价，只要学生的活动达到基本要求即为合格。绝对评价由于标准固定，评价对象可以通过评价了解自己的活动状况与标准的差距，只要肯努力就会达到标准。

目标参照评价就是一种绝对评价方法。目标参照评价是以既定的目标为标准，通过个体与目标进行比较，评定出每个学生达到目标所规定的水平或程度的情况。评价结果客观准确是这种方法的最大优点。但是绝对评价的标准是否能够达到客观、准确是非常棘手的问题，这也限制了该方法的使用。

个体内差异的评价是指以评价对象某一状况作为依据的评价，即把个体的过去和现在，或把个体的若干侧面相比较而进行的评价。进行个体内差异评价，可以比较个体历时的变化，也可以对个体不同侧面进行横向对比。个体内差异评价可以帮助教师了解学生的进步情况、优势与不足，也可使学生对自己有一个全面的了解，并确定努力的方向。其不足在于它没有客观标准，容易被一些虚假的表面现象所迷惑；没有与其他个体进行比较的机会，容易产生盲目自大、坐井观天的心理。

四、定性评价与定量评价

定性评价是根据评价者对评价对象在平时班级活动中的表现、感受和状态等的观察和分析，直接对评价对象做出评价结论的价值判断。其目的是把握事物"质"的规定性，形成对评价对象完整的看法。例如采用无结构观察、开放式访谈、调查、查询各种文字资料等方法，获取各方面的信息，对评价对象的状况进行描述、分析，并做出评价结论。定性评价有利于教师了解学生的整体状况，并制订有效的班级活动方案。例如，对学生活动状况的评价，可以采用观察学生在班级活动中行为表现，访谈学生对班级活动的态度、想法，以及形成活动动力或阻碍的各种因素，了解活动环境、教师、家长对学生的影响等，最终对学生的活动状况和影响活动的因素做出分析和评价。

定量评价指采用结构式的方法，预先设定操作化的评价内容，收集评价对象可以量化的信息，运用数学方法（主要是教育统计学方法与模糊数学方法）做出推论的评价。其目的是把握事物量的关系，客观、简洁地揭示被评价对象重要的可测性特征。这种评价方法可以使一些概念精确化，加强评价的区分度，降低评价的主观性和模糊性，增加评价的说服力。

定性评价强调观察、分析、归纳与描述，关注学生"质"的方面的发展，关注活动结果与活动目标之间的一致性；强调对学生优缺点进行系统的调查，并对个体独特性做出"质"的分析与解释，是具有实质性内容的一种评价机制。定性评价则关注"质"而走向具体并且侧重定性描述。定量评价强调数量计算，以教育测量为基础，关注"量"而走向抽象并且侧重定量描述。因而，定量评价与定性评价各有长处与不足，两者结合运用，才能更好地发挥班级活动评价的作用。

［范例9］

表7-7　定量与定性评价相结合的班级活动评价表

评价项目	权重分数	评价要点	评价等级得分				得分
			A	B	C	D	
班级活动目标	10	目标确定符合班级计划和学生的实际状况	4	3	2	1	
		目标全面、具体、可评价	3	2	1	0	
		贯穿在班级活动的各个环节	3	2	1	0	
班级活动内容	15	班级活动内容选择的使用价值及针对性	4	3	2	1	
		班级活动内容的教育因素	4	3	2	1	
		班级活动内容组织的合理性、实效性	3	2	1	0	
		班级活动方案设计的系统性、层次性	4	3	2	1	
班级活动过程	10	班级活动的功能性、艺术性	5	3	2	1	
		班级活动过程分配合理性	5	3	2	1	

评价项目	权重分数	评价要点	评价等级得分				得分
			A	B	C	D	
班级活动方法	25	教师在班级活动中的组织、引导作用	6	4	3	2	
		学生的主体性，参与班级活动方法的选择及应用，参与活动的主动程度	4	3	2	1	
		班级活动组织形式多样化	5	3	2	1	
		生动、有趣、疑问、探索、创造性	4	3	2	1	
		师生关系和谐，整个活动在民主、互动中进行	3	2	1	0	
		现代教育技术手段的运用及效果	3	2	1	0	
班级活动效果	20	班级活动目标的达成度	6	4	3	2	
		学生的参与态度与行为	4	3	2	1	
		学生自主活动的能力与表现	5	3	2	1	
		学生在活动中的情意行为表现	5	3	2	1	
班主任能力	20	教师的语言指导及动作示范的感染力	8	6	4	3	
		教师态度、仪表、举止、情感	5	3	2	1	
		驾驭调控能力及应变能力	4	3	2	1	
		现代化教育手段的运用能力	3	2	1	0	
综合评价							评价总分
等级							

注：评价等级：优、良、一般、差
90—100 分为优　80—89 分为良　60—79 分为一般　59 分以下为差

五、他人评价与自我评价

他人评价是指针对某次班级活动，由被评价者以外的人作为评价主体进行的评价。他人是相对被评价者而言的，既可以是个人，也可以是小组或机构。专家评价、社会评价、同伴评价、同事评价等均为他人评价。对教师来说，学生对其组织指导活动的情况的评价是他人评价；对学生来说，教师对其活动情况的评价是他人评价。他人评价可以为被评价者了解自己的状况提供更广阔的视角，为今后改进活动状况提供更多的思路。他人评价的实施者需注意：不以居高临下的姿态进行评价；获取评价信息要尽可能详细、全面，避免以偏概全；评价结论要以事实为根据，避免受以往评价结果的影响，避免受个人成见的影响等。

自我评价是指班级活动参与者或实施者作为评价主体对自己在活动中的表现做出的评价。自我评价有利于找出自己的不足与差距，从而产生前进的动力。自我评价过程可以形成有效的自我反馈，这有利于克服对他人评价的逆反心理。下面是一份学生自我评价表，供参考。

[范例10]

表7－18　学生自我评价表

评价内容	评价等级（优、良、一般）	评价目的
我对活动的内容是否感兴趣？		活动态度
我是否能遵守活动规则？		自控能力
我是否能积极参与小组活动？		与他人合作能力
我有无主动承担活动任务？		主动参与精神
我有没有经常发现问题或提出问题？		发现问题的能力
我是否经常靠自己解决活动中遇到的困难？		解决问题的能力
我能否注意并吸取别的同学在活动中表现出的长处？		向他人学习的能力

评价内容	评价等级（优、良、一般）	评价目的
我是否经常得到教师的关注？		活动过程中自我意识的培养
我的表现是否经常引起同学们的重视？		表述自己观点的能力
我在活动过程中是否经常感到快乐？		活动过程中的情感体验
自评累积分		

　　班级活动评价的方法多样，可以根据实际需要采用合适的方法。另外，在评价中，不同的方法相互补充，常常可以结合或者综合运用，这需要评价者不仅熟悉每一种方法的操作要领，还要对该方法的内容和实施程序有清晰的认识。

第四章

班级活动设计原则

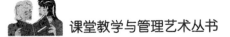
班主任如何创造性地开展班级活动

怎么能在辛勤的劳动中获得快乐，同时让工作获得成功，这是每位班主任最希望知道的。有这样一则故事：

有个人一天路过工地，看到三个工人在砌墙。

这人问第一个工人：你在干什么？

第一个工人闷闷不乐地说：我在干活儿。

又问第二个工人，第二个工人漫不经心地说：我在赚钱。

问到第三个工人，他眨了眨眼，快乐地说：我在造美丽的宫殿。

若干年过去了，前两个工人还在闷闷不乐地砌墙，而第三个工人却成了著名的建筑工程师。

这则故事告诉我们，一个人只有把自己所从事的工作当作一项快乐的事业，他才能获得成功。

我给大家推荐几个技巧，希望我们的班主任能够在自己的实际工作中运用这些技巧，在工作获得快乐的同时取得成功。

一、优良环境感召法

所谓优良环境，这里指两个环境：自然环境与人文环境。

1. 自然环境

自然环境就是和谐美丽的学校、班集体。现在许多学校都非常漂亮，农村中学也都非常美丽。但是作为班主任要知道，光有学校的感召力还不够，我们还应该让我们所在的班级教室也变得美丽。

有一次我去一个学生家里走访，那是一个初一新生的家。

当我迈进这个学生的家门时，看到这个男同学两只眼睛哭得红肿，爸爸妈妈哭丧着脸站在一边。看到我来，妈妈低声说："您来了。"我当时挺惊讶，询问家里发生了什么事。妈妈表示，儿子差 0.5 分没有考上理想的学校，只好进 119 中学了，这一辈子算完了，他们又没有门路，无法给孩子转学。

我所在的学校是北京市 119 中学。这个学校基础薄弱，生源也比较差。很多孩子觉得到这所学校里读书，那真是不幸中的不幸。

作为教师，我深爱着我的学生，见不得他伤心。我当时就说："你们不要伤心，我今天来就是给你们带好消息来的。我向你们保证，我一定会让你的孩子在我的班级里读完三年书以后，面对重点中学的学生，可以挺着胸说，我不比你差。"

回家我就后悔了。119 中学是位于北京市朝阳区城乡结合部的一所普通中学，学校不仅校舍差，设备也都很陈旧。校门不像校门，教室不像教室。许多设施都是非常破烂的，孩子报到的第一天，回家后跟家长灰心丧气地痛哭了一场。

我改变不了学校，总能改变我的班。我找了一些好朋友，也约了热心学生家长，一起集资。首先把我的班级教室粉刷一新。我把缺胳膊少腿的课桌椅修理好，用绿色的油漆重新漆了一遍。我又买了白布，给每个孩子做了一个白色的桌套。在墙壁上设置了学习园地，摆上了名人字画。每一个窗台上都买了鲜花摆设起来，还给孩子们买了一个鱼缸，养了一些金鱼。同时我们还买了一个报栏，给孩子们订了报纸、杂志。我还买了一个白色的磁托盘，按学科买了12个带盖的瓷杯子，每个瓷杯子的杯身都用胶布条贴上"数学老师请喝水""英语老师请喝水"……科任老师开玩笑说："我们就喜欢到你们班上课，因为你们班每堂课都有水喝。"我的目的是让课代表给老师沏茶倒水，增进师生感情。

我带着满足感锁上教室门。开学那天，当我把门打开，我的学生冲进教室都欢呼起来。他们说："任老师，我们班太漂亮了！"还有很多别班的同学也纷纷来参观，参观完就不走了。其他老师就把话传到校长那儿。校长来了，他在我们的教室里转了一圈，说："任小艾啊，你可给我出了一个难题。我没钱啊，我怎么能让所有的教室都像你们班一样。不过无论如何，假期中就是借钱我也得把学校的每一间教室都粉刷一新。"

2. 人文环境

假如说你在一个五星级的酒店里，每天推开房门看到的都是自己的仇人，或你不喜欢看到的人，你一样是不高兴的。所以我在班集体里，提倡第二个优良环境，那就是人文环境。人文环境就是和谐的人际关系。我们班集体有这样一个口号："让我们的集体成为每一个人心中的乐园"。创建乐园式的集体。这个乐园式集体的含义，就是师与生之间、生与生之间，建立团结民主和谐友爱、互助合作的一种关系，让每一个人都心悦诚服地、心甘情愿地到班集体来，愿意到老师和同学身边来。

这就是优良环境感召法。无论自然环境，还是人文环境，对每一个孩子来说，都是具有感召力、具有吸引力的。

二、虚功实做的导行法

虚是虚实的虚，功是功能的功，虚功实做才能指导学生的行动。

思想教育工作常常是务虚的，务虚就是大道理，空对空。现在有一个说法"五加二等于零"，五天的学校教育加两天的家庭和社会教育，教育效果好像就没了。一方面说明学校和家庭配合不够，也说明家庭和社会对我们学校教育的冲击，更说明我们学校教师自身的吸引力不够。所以我们如果把教师自身的经验，所读的书，所有的见识，变成一种深奥的道理，凭我们的理解力，去讲给懵懵懂懂的青少年，大多是接受不了的。我们的学生几乎听不懂老师说的深奥道理，因为他的年龄、知识面以及他的经历有限，他需要一种看得见摸得着的东西。

有时候让孩子们参加一项活动，春游，看一场电影。他本来去玩去了，但是回来以后，却说我受到了教育。很多深奥的道理蕴藏在浅显的、生动形象的活动以及娱乐当中。所以我力求让我所有的那些空洞的大道理都变成看得见摸得着的形象的现实，这样才能指导学生的行动。

我记得初一新生入校的时候，有一次校长要求各班召开谈理想的主题班会。我们有不少班主任非常认真，找政教主任，准备材料备课，名人伟人少年时期的伟大理想，讲给孩子们听。后来我看到一个学生在日记里这样写：

我们的班主任站在讲台上，滔滔不绝地唱着独角戏，直说得我们屁股都坐疼了，她还有的说。临到下课，她问我们，"我今天说的，你们都记住了吗？"我们集体齐声大声地说："记住啦！"心里说："谁记啊，谁记谁是傻瓜！"

在我们看来，老师说的话，就像出土文物一样，离我们太遥远了。

从这个孩子的日记中可以看到虚功虚做的东西，很难入耳、入脑、入心，更不能付之于行动。因此我当时就想，要力求让我的主题班会谈论理想，让每个孩子终生难忘，我要把理想的种子种在每个孩子幼小的心田。

举一个例子：1983年，我给我们班的同学召开了一个主题班会，直到今天这些孩子还记得"2000年的同学会"。我对学生说："大家设想，17年以后，10月1日上午10点，我们全体同学相会在天安门广场的国旗下，会有什么情景出现，每个人写一篇作文。"

孩子们的幻想是我始料不及的。第二天作文交上来了，写得丰富多彩。我很高兴地看完以后，把作文发下去，让每个人从自己的作文中找出最精彩的一个片段，把它背下来。一周以后，主题班会将进行化装，每个人扮装成17年以后自己的模样。

主题班会那一天，所有的孩子兴高采烈，穿着自己理想的服装。医生的、解放军的、法院的、科研人员的、教师的、厨师的，各种各样。他们很多人还拿着自己的作品，主题班会开得生动活泼。我最后只说了一句话："同学们，所有的理想都离不开今天的现实，愿每个同学把握今天，学好文化知识。我期望我们2000年的同学会早日到来，我祝愿每个同学的理想都能变为现实。"

就这样，我真的把理想的种子种植在每个孩子的心田，让他们学有动力，学有理想，伴随他们初中三年乃至高中三年。尽管有的孩子理想变了，但是他的动力不变。

我举这个例子的意思是，尽可能地把那些空洞的说教，变成看得见摸得着的现实。虚功实做，就能指导学生的行动。

三、抓住教育时机的功倍法

善于抓住教育时机的老师，能够使自己的工作达到事半功倍的效果，由苦干变成巧干。教育时机随时都可以捕捉到，关键看我们的老师善不善于捕捉。

我还记得我接管初一新生班刚两个星期，在楼道里看到一个女同学。她远远地见到我，等我走到跟前，她给我立正站好，打了一个队礼，恭敬地说了一句"老师好！"我特别高兴。如果全校所有的学生，都这样讲文明礼貌，那学校的校风就变了。

经过认真地思考，精心准备了一番，我打算抓住这个教育时机，引导每一个同学，让我们整个学生当中的文明礼貌教育达到一个理想境界。

我用自己的钱给孩子们选了当时学生中最热门的文具。钱花得很多，可是我觉得做了一件很有意义的事。接着又到学校政教主任那儿要了张奖状，用毛笔写了"文明礼貌标兵"几个大字，盖了政教处的章。

第二天早读，我一手拿着奖状，一手拿着奖品进班了。我说：

"我教你们两个星期，对你们并不熟悉，但是昨天一个同学的举动，给了我极其深刻的印象。我为能教这样的学生感到自豪，我为我们班集体有这样的同学感到高兴。她昨天见老师打队礼，还问老师好。这个同学多讲文明礼貌，多有修养啊！说明小学老师教育得好，家长教育得好。我要亲自给她爸爸妈妈、小学的班主任各写一封感谢信，感谢他们培养了这么好的孩子。同时呢，我今天还要在这里隆重地给她颁奖，奖励她被评为我们班第一个文明礼貌标兵。她是谁呢，她就是我们班的某某同学。请你起立，让我们大家用热烈地掌声祝贺她。"

这个学生站了起来，理了理衣服说：

"任老师，我真没想到，因为昨天那么一个举动，今天你会给我这么高的荣誉。要知道会这样我早就向你打招呼致敬了。"

孩子就是越表扬越来劲儿。她走到前面，双手接奖，鞠了一个90度的躬，接着说了一句"谢谢老师"。我又抓住这个时机教育了一番。科任老师后来就讲，我们班学生跟别的班不一样，每次发卷子，都个个双手接。这就是榜样的力量。最后我又讲了一句：

"愿我们班文明礼貌标兵层出不穷。"

第二天晨检，我站在教室门口，所有的孩子进班，挨着个都说"老师好"。科任老师也说，"任小艾你们班学生怎么了，今天见我八回，举了八回手。挺累的，不用老举手。你跟他们说，说声'老师好'我们就知足了。"这个话传到校长耳朵里了。有一天课间校长来了，初一小孩站到楼道两边，一看校长来了，热情劲儿就别提了。纷纷喊"校长好"，"校长好"。校长高兴地摸摸这个孩子的头，摸摸那个孩子的头。到另一个班立刻就没人理了。在一个校园，这个班热情似火，其他班冷若冰霜，温差很大。

在周末的校会上，校长也抓住了教育时机，在全校表扬了初一（2）班同学，号召全校初高中同学向他们学习，并且郑重宣布：本学期末在全校评选文明班。就这样，我们全校的文明礼貌热潮掀起来了。走进119中学，你会不绝于耳地听到，孩子们喊你老师好。在我当班主任的第10个年头，学校校门挂上"北京市文明单位"的牌子。这就是抓住教育时机产生事半功倍的效果。

四、捕捉兴奋点的磁性法

善于捕捉学生兴奋点的班主任工作常常产生像磁石一样的吸引力，也就是说我们的班主任要善于去捕捉学生感兴趣的话题，然后因势利导，切不可把我们感兴趣的东西强加给孩子。

比如我前不久到深圳去采访，就有一个高中的老师抱怨现在的孩子难教，没感情。

他说，整个春节的时候我看了感动中国的十大杰出人物。当时看得我都流眼泪了。开学以后，我想，我要把这十大杰出人物也放给学生看，然后让孩子们也开个主题班会，讲一讲自己的感想。在开主题班会的时候，我先做了一个调查，问谁看过感动中国的十大杰出人物。全班几乎没人看过。我就随便叫一个同学，我说你讲一讲。这个同学说他没看。又问一个同学，又说没看。问谁看了，几乎没有人举手。他说："我当时非常气愤，这么好的节目，你们都不看，你们到底看什么。"结果孩子们还很委屈，说："老师刚开学就把我们训一顿。"

我跟那个老师说：

"问题不在孩子身上，在你身上。为什么？你是五十多岁的人了，有沧桑的人生，丰富的学识，渊博的知识和丰富的人生经历。你把你的人生经历和感动中国的十大杰出人物那些丰富人生，沧桑经历的人融合在一起时，你就有一个共识、共鸣，所以你感动了。但是感动中国的十大杰出人物，作为中央电视台，主流媒体推出的这十个人，各个都是了不起的人。而我们青少年孩子才十几岁，他怎么能和这些有着丰富人生沧桑经历的人有共鸣呢？所以问题在于你用的方式不妥。有的学校也采用了感动中国的十大杰出人物这个素材，但是方式不一样。开学以后，号召全校每个班在自己的班集体里，寻找感动同学的杰出人物，全校最后要评选出 10 位，感动校园的十大杰出同学。然后班班拍 DV，准备材料，评选。整个评选的过程就是一个教育和感动的过程。最后，全校召开大会。当时十大杰出同学评选的结果，只有校长和学生会主席以及另外一个老师三个人知道，其他人都不知道，就像奥斯卡颁奖一样。当一个个投票结果公布，十大杰出同学一个个走上讲台，然后又一个个播放了他们的 DV 图片和影像之后，有的同学说，我们一次一次地被感动，一次次地被撞击心灵。这就是我们身边发生的，勤奋学习的，孝敬父母的，身残志坚的，贫困而又努力学习的。他们这些人就在我们身边，然而，他们却做出了我们意想不到的事情。真的非常感动。很多孩子后来写日记都说一次一次地流泪。"

要善于捕捉学生中的兴奋点，这样才能因势利导，感动他。能感动他的是他身边的人，他的爸爸、妈妈、老师、同学、朋友。这些人有许多令人动心的事迹，要善于捕捉。

同时，还要善于捕捉学生乐于谈的话题。有一段时间，我发现学生对过生日很感兴趣，他们常常偷偷摸摸地在那里谈生日会的事。有一次我批阅学生的日记，无意中发现一个男同学的日记本里夹了一个纸条，纸条上是写着同学们送某某同学的礼物的账单。我当时把这个男同学叫到办公室。

我说："是不是欠钱了，老师帮忙还。"

男同学说："老师，不是，您不知道现在我们独生子女过生日，每一次过生日，爸爸妈妈做一桌菜，吹蜡烛，吃蛋糕，年年如此，都重复地让人觉得实在是老套了，已经烦了。我们喜欢同学一起搞集体活动，所以我们就背着爸爸妈妈和同学一起组织 Party，搞大集会。我人缘特别好。你看，同学们送我的生日礼物都特贵重。我想人与人之间应该有来有往，将来人家过生日的时候，我也得这么送人家，所以我把这个礼物的价钱都写下来了。"

我说你这也是人情债啊，他说可不是嘛，我也没有批评他。但是我静下心来想，一个孩子到了青春期，乃至进入他成长旺盛的时候，他的人生观、价值观、友谊观都是形成和定型的时候，作为老师要在这重要的时刻给予他正确的引导。那么，怎么来让他们正确地看待生日呢？想来想去，我就到教务处找到教导主任，把我们班每一个同学的生日，抄在了一个大表上，然后贴在我们班教室的墙壁上。我对全班同学说，所有进入中学的第一个生日，都将在集体中度过，任老师要和班委一起给你组织大型生日 Party。当我说完之后，全班同学都鼓起掌来，小孩的眼睛都放着光。

这正是他们最感兴趣的。后来我设立了若干个庆祝生日的活动：

第一项，每个人要准备不超过五分钟的生日演讲。在生日那一天，要站在讲台上讲讲过去、现在、未来。三个主题要录音，全部录完了之后，每个同学转录一盘作为纪念。

第二项，宣传委员带领全班同学一起唱生日歌。

第三项，同学互赠礼物。

第四项，老师赠送礼物。

在宣传委员的带动下，我们全班同学起立，面对过生日的同学。他坐在中间，大家一起拍着手唱三遍"Happy birthday to you"，非常动人。我注意到，女同学唱歌时几乎都哭了。这样的生日场面让孩子们终生难忘，有的孩子在日记里这样写：

虽然没有生日蛋糕，没有蜡烛，但是我们永远也忘不了这个场面。任老师，感谢你，你真的了解我们。因为我们最需要的是同伴的认可，在自己同龄人祝贺声中度过自己的生日是一生难忘的事。

我跟他们讲：

"过去赠礼物都是给同学买东西，到商店里去买，买贵重的。没有钱就跟父母要。陶行知说过一句话，'滴自己的汗，吃自己的饭，不是这样的就不是好汉'。你们现在算什么本事，跟父母要钱，给同学买礼物还攀比。有本事你将来挣钱，再给人买礼物。今天要告诉大家，真正的友谊是无价的，君子之交淡如水。商店里陈列的都是有价的。你们要尽可能地送给同学无价之宝。什么叫无价之宝，动手制作。做的东西是商店里没有的，是融进了你的感情的。"

我们班曾经一度掀起了制作生日小卡片、小手工艺品、编织物等高潮，在同学们的祝贺声中互赠礼物。

我给我们全班每个同学买了一个精致的日记本。每到一个同学过生日，我就用笔写上一段鼓励的话，赠送给他。就这样，一次次的生日会，不仅增进了师与生之间、生与生之间的友谊，而且集体的凝聚力、向心力，也在一次次的生日会中增强。

教育的连锁反应也是我始料不及的。

有一次我的学生提出："任老师你提倡平等，但是为什么生日表没有你的名字。你给我们过生日，我们为什么不能给你过？"

我的学生背着我准备了让我终生难忘的30岁生日。

那天第二节课是我的语文课，当时忘了当天是自己的生日。我拿着教案、语文书去上课。走到楼道里，发现我们班和别的班不一样，跟平日也不一样。每堂课前，课代表必须站在教室门口，迎接科任老师。那一天，语文课代表没站在教室门口，而且门是关着的。当我把门推开的时候，眼前的场景把我惊呆了。全体同学一下子站起来，热烈地鼓着掌高声喊着"祝任老师生日快乐"。我当时真的很震撼：今天是我的生日。

我被同学们拥到了讲台前，身后的黑板是孩子们用10分钟画的一幅美丽的生日图画。

班长赵洁手捧着一束鲜花走到了前面，给我鞠了一个90度的躬，说："亲爱的任老师，今天是您30岁的生日。我代表全班同学向您表示祝贺，愿您的青春永远像这鲜花一样美丽。祝贺你，老师。"

我抱起了花，特别激动。紧接着我们班一个男同学一个女同学从后排，各自手里抱了一个男娃娃、一个女娃娃走到前面来。

其中一个同学说："任老师，为了教育事业，也为了我们，您到现在都没要孩子。我们想每天晚上你一定很寂寞，所以我们买了两个娃娃，想让它代替我们，陪伴你度过每一个寂静的夜晚。这两个娃娃都带录音，一摁那个开关，就此起彼伏地喊妈妈。"

另一个同学说："把老师比作母亲是我们对老师最高的奖赏，请你接受这个奖赏。"

我一手抱着花儿，一手抱着两个娃娃，这真是我一生最难忘的时刻。

生日会结束的时候，正在我班蹲点采访的《中国青年报》的记者非常感动地站起来说："我是第一次参加由学生自发地给老师组织的生日会。我希望你们能把今天的场面写下来，我要把它登在《中国青年报》上，让全社会的人都能像你们一样，尊重教师，尊重教育。"

全班同学当时就推举语文课代表。她当天晚上写好这篇文章，第二天拿给《中国青年报》的一个副总编，这位副总编看后说："就是我们记者去采写也不过如此。不用修改，原文照登。"

题目：老师，请接受我们的祝福

楼道里传来了脚步声，越来越近了，隐藏了一个月的秘密就要在他们的面前揭开了，教室里"刷"地一下静了下来，50多双眼睛不约而同地把目光集中在了门口。门轻轻地开了，她来了，带着那柔和的微笑。多么熟悉啊，春天在飞机场，在花园一样的天津市里，夏天在诗话一般的北戴河海边浴场，秋天在枫叶似火的香山顶上，冬天在梦境仙宫般的冰宫里，她始终用微笑伴着我们，度过了一个又一个难忘的日子。今天她的微笑好像更美丽。我们也同样笑着，异口同声地，用响亮的声音，喊出了长期藏在我们心头的祝愿，祝任老师生日快乐。

在经久不息地掌声中，班长赵洁把一束鲜花献给了又惊又喜的班主任任老师。为了给任老师开一个生日庆祝会，同学们可是费了不少脑筋啊。为了探听到老师的生日，大家想了各种办法，真可以说是绞尽脑汁为了保密，我们还宣布了严格的纪律，大家要让心爱的老师获得一种意外的快乐，来报答她两年来为我们付出的一切。我们忘不了那一次，任老师走进教室，手里拿了一个红纸包，她说这是上级奖给优秀班主任的50元奖金。她把它献给班里作为优秀学生的奖励基金。

我们忘不了她在承担上级交给她写书任务的同时，还坚持当我们的班主任。一本书将近20万字，要在9个月里完成。多少人劝她不要再当班主任了，可是她硬是挺过来了。每天只睡三四个小时。这些日子，她几乎一天都没有离开过我们。我们忘不了，夏天上自习课，炙热的太阳照在身上，汗不住地往下淌。不知什么时候，几盒冰棍放到了我们的课桌上。同学做了好事，或取得了好成绩，她带着钱，到处奔波为我们买来奖品。每个同学过生日她都要买一本漂亮的日记本送给他。为了使更多的同学增长才干，她为我们安排了二日班主任，一日卫生监督员。她用爱赢得了教学上的成功，也赢得了我们对她的理解和信任。

老师用爱待我们，我们也要用爱回报老师，几乎所有的同学都在日记里这样写过，在心里这样想过。于是在教师节里，老师家门前悄悄地放了一束花，一袋补品；雨天里，办公桌上摆满了雨伞和雨衣；老师病了，有人偷偷地送上了药；天晚了，又有人给她送上了鸡蛋和面包。我们想让任老师知道，我们在爱着她。

生日会在继续进行。同学们一个个地送上自己亲手精心制成的祝贺卡，卡上写满了真挚的话语，载满了深深的祝福。"我会把它们永远记在心里的"，任老师抬起头，眼中闪出了明亮的光，"我会尽力把工作做得更好，来报答同学们对老师的真心的爱。"掌声中我们唱起了生日歌。歌声中，摆上了黄澄澄的生日蛋糕。烛光点点，老师将它吹灭吧，学生的爱能驱走黑暗。录音机，你尽情地转吧，录下这一切。愿这一片情谊在我们中间永远存留……

当老师和学生的爱达到了心与心、情与情沟通的时候，不仅能够引发学生奋发向上努力学习的愿望，也能激励老师更加努力地工作。同时学生回报给老师的爱，绝不是世俗的价值能够度量的，那是一笔无价的财宝。如果善于捕捉学生兴奋点，班主任工作就不仅能产生具有吸引力的磁性效应，同时还有你所想象不到的连锁反应出现。

五、三位一体的互促法

三位一体是指学校、家庭、社会，三者形成一个整体，互相促进，互相提高。

一个班主任老师调动学校家庭社会三者的力量，让它们共同相互作用，产生效果，服务于我们的学生，听起来似乎挺难，但是做起来并不难。

　　在一次家长会上，我对全体家长说：

　　"各位家长，你们都希望自己的孩子通过这三年的学习有很大的收获。你们不仅是孩子的启蒙老师，还是他们的终生教师，而我只是这三年当中的一个阶段的老师，但是我愿意和你们一起共同努力，让我们共同的理想和愿望变为现实，让孩子们在三年里获得最大的成效。虽然我是他们的兼班主任语文老师，但是我个人所知是有限的。我希望全体家长共同和我一起参与教育。我搞了一项活动，希望大家一起配合。"

　　我把活动的名称写在了黑板上——家长系列讲座。

　　"凡是在我们班读书的学生家长，爸爸、妈妈你们两个人选一个人，在孩子三年读书期间你给我们讲一节课。讲什么呢，讲你的工作，讲你的见闻，讲你的故乡，讲你的人生，讲你能讲的一切，只要对孩子有益的都行。我要评选十名最佳家长系列讲座者。全都讲完了以后，我要召开有学生参加的全体家长会进行表彰，让你的孩子为你带上大红花。"

　　我的目的就是形成竞争。

　　我们那些家长都非常高兴。他们因为很要尊严，所以都认真备课，都希望自己评上十佳。这个期间讲天文的，讲地理的，讲海洋的，讲医学的，讲自己的出国见闻。还有一个家长讲自己的一次手术经历，珍惜人生生命等。这些无字之书，大大开阔了学生们的眼界，让他们能够在有限的三年时光里获得有字之书和无字之书的共融。

　　教育的连锁反应出现了。

　　有一天一个家长找我，说：

　　"任老师，按照报名排队，该我讲了。我发愁死了。我们家里边孩子他爸能讲，但驻外三年回不来，只能我讲了。我这个人从没在众人面前讲过话，一讲我就哆嗦，一哆嗦就结巴。我儿子担心我讲完了，都没脸见人了。所以我现在吃不下睡不着，可怎么办呢？"

　　我说：

　　"真不好意思，给您添麻烦了。不过我可以给您出主意，凡是自己不能讲的，就找一个比自己能讲的人来代讲。只要对学生有益，无论谁讲都无所谓。"

　　北京是政治、文化交流中心，家长又都有自己的社会关系，所以许多不能讲的家长，就通过关系去找那些成功人士。一个个在各行各业中出类拔萃的人才，通过家长的关系，来到了"门朝北"的119中学，来到了我们普通的班集体，和孩子们零距离的交流。许多记者听说某个名人来了，也都尾随来作采访。

孩子们充分地受益于这种"三位一体"的教育模式，这期间教育连锁反应又出现了。

一天，又有一位家长找我，说："任老师，我不能讲，我也找不到成功人士，这可怎么办？我发愁呢。"

于是我又灵机一动。我不是万能的，但当你用真心去爱学生的时候，你像爱自己的孩子一样爱学生的时候，你教育的智慧就会层出不穷地涌现。我给这位家长出了这样一个主意，"凡是自己不能讲，又找不着人代讲的，就联系你所在的单位，让我们孩子参观一下。如果你的单位不行，你可以联系一个别的单位。"

于是通过家长的联系，北京的历史博物馆、军事博物馆、自然博物馆、科技馆、人民大会堂、北京市人民政府、朝阳区人民政府、服装厂、煤球厂、革制品厂、医疗器皿制品厂、玻璃器皿制品厂、球鞋厂等，所有孩子们想去能去的，家长都给联系了，大大开阔了孩子们的视野。无论是请进来走出去，都对孩子终生有益。

这个期间又出了一件让很多人觉得很惊奇的事情，"任小艾胆子大，曾经带学生坐飞机上过天"。

1990年3月，美国（《今日中国杂志特刊》上，有一则题为"有这样一个中国的青年教师"五个版面的全英文版的报道，其中就提到了我领孩子坐飞机的事。

事情的缘由是这样的：在家长轮流讲演的过程中，有一个学生家长是首都国际机场地勤工作人员。他不能讲，又找不着代讲的人，就联系自己所在的单位，想为学生提供一个参观的机会。

他找到我说："任老师，我联系了大停机坪、大型壁画、卫星厅。平时这些内部设施都是不对外开放的，可以让孩子们去看一下。我还联系了停机坪上的一个飞机，找了两个空姐准备模拟一下空中服务。"

我当时随便问了一句，"能飞吗？"

他说："那不能，我干了十几年地勤，我都没飞过。"

我说："这是不是如同拿了一个红红的苹果给一个五岁的孩子说，这苹果又香又甜，你只能看，千万别吃啊！光让看大飞机，不让飞一下，是不是有一点点残酷，事在人为，你能不能联系试试。如果能飞，飞一下就行，让我们孩子长长见识。"

20世纪80年代初，要想坐飞机那可是一件很难的事情。但后来经过多方努力，终于促成了这次活动。两架飞机载着我们全校的老师、全班的同学和三分之一的学生家长，从北京飞到了天津。

这次活动回来，我要求我的学生写三篇作文：

第一篇"首都机场一瞥"，看谁以最快的速度看得最多。

第二篇"我第一次坐飞机"，写感受。

第三篇"天津留给我的印象"，写见闻。

孩子们的文章写得实在太好了。我们班有三分之一学生的文章被各报刊、杂志登载。

著名女作家柯岩到我们班来采风。当时她在写电视连续剧《红蜻蜓》，要在我们班学生写的作文、日记、文章中找一点素材。这个女作家被一篇登载在《中国儿童大世界杂志》上的小短文"我第一次坐飞机"吸引了。

女作家说："这么小的一个男孩子用这么短的文章，竟然写出了有大作家风范的小作文，而且文章的结尾还用了双关语，不简单。"

文章描绘的是夜空景象。

题目：我第一次坐飞机

我终于踏上了梦寐以求的飞机。

机舱中的一切，都使我感到新奇。坐在软绵绵的靠椅上，一抬头，看到了三盏明亮的小灯。我伸出手动了一下按钮，其中一盏灯一下子熄灭了。我吃了一惊，心想不会是坏了吧，就急忙又按了一下，灯又复明了，这使我感到宽慰。它是我登机后动的一个玩意儿。听说要系安全带，我找了半天才在旁边同学的帮助下，找到了它。两条又宽又厚的带子。说实在的，如果不是为了安全，我可不愿意系它。一系上它，连站起身来都无法做到。飞机慢慢地启动了，也说不出是高兴还是害怕，反正我的心在怦怦怦地跳。飞机愈升愈高，我在高空中的第一个感觉就是头晕，渐渐地耳朵越来越不灵了，听到的声音十分细小。机外黑洞洞的一片，没有一丝光亮，我们仿佛置身于宇宙之中似的。低头俯瞰地面上的灯光，模模糊糊，不过可以感觉到它们是在由暗到明，由稀疏到稠密地变化着的。我偶然发现地面上有一排灯光，是一个接一个亮的，心想这倒有意思。后来仔细一琢磨我才恍然大悟，原来是机翼挡住了我的视线，给了我这样的感觉。

但是飞机一过，灯光又露了出来，万家灯火组成了各种各样的图案，圆形的、长方形的、三角形的，这真是我平生难以见到的奇观。过了几分钟，机身突然一阵剧烈地抖动，我又不由得一惊，然而很快就平静下来，因为我知道飞机已经在机场平稳地着陆了。

我的一只脚刚落到机场的石板上，心便犹如一块石头落地。我心中忽地生出一个感觉，脚踏实地，比身悬高空要安稳得多呀！

就是这样一个基于真实感受的写作，被一个女作家给予了高度的赞赏。

我以一个普普通通的班主任的身份，调动起学校、家庭、社会三者的力量，共同服务于我们的同学，让他们在有限的三年时光里，获得最大的成效。

六、自我教育的内趋法

能够做到自我教育的学生内心有一种向上的驱动。"人类最高境界的教育是自我教育"，这是列宁说的话。

我们的班主任老师，能够让孩子在学校期间由他律变成自律，引导他们走向未来的人生，这是每一个班主任的重要工作之一。教育的最高境界就是培养学生的自觉能力，这是终身学习的能力，培养学生的自律能力就是终生自我约束的能力。当他们走出校园，离开老师，他们能够依旧有一种学习的能力和自我管理的能力，这才是老师的成功。

为了达到这个目的，我设立了每周一天的"无批评日"。用"无批评日"引领和启发同学。每周五我都在黑板上写"无批评日"这几个字。这一天我跟科任老师配合好，所有的同学，都在一种无批评的状态下生活和学习。当你犯了错误，就写自我教育日记，过后再单独找一个时间，做一个反馈性的讨论。

后来孩子们提出搞"无批评周"。"无批评周"效果也非常好。这一切都是为了引领孩子们，能够有自我教育的能力。

为了让每个孩子感到快乐，我们在一周七天中设立了富有七彩阳光的生活。

假设厌学苦学的对岸是爱学乐学的彼岸，中间是一条湍急的河流，我们引领孩子跨越这条河流是非常危险和艰难的。有一个巧妙的办法就是架设一座桥梁。这个桥梁就是教育的载体，这个载体就是活动交往、力争创设教育的情境。在每一次活动交往中，引领学生达到寓教于乐的目的。我们每周一设立的是"师生对话日"。这一天放学以后，每个小组找一个同学，留下来跟老师对话。对话的人可以是老师，也可以是校长、教导主任、家长，你想找谁我就约谁来。

对话的目的就是解决矛盾，解决问题，很吸引同学们。当然在这个过程中我们也解决了很多的问题。

星期二，家长系列讲座。放学以后我增加一节课。哪个家长讲课，哪个孩子就做主持人，沏茶倒水作总结。不仅锻炼家长，同时也锻炼学生。我只做听众，不发言。

星期三，英语日。普通中学孩子不愿意说英语，特别是不开口说。我要让他们不成为"哑巴"英语的学生，让他们开口说英语。这一天我要求每一个孩子除了上别的课以外，一律用英语对话，我们有监督员。放学以后，我们增加了一节课，叫一分钟英语演讲比赛。每个小组选一个人，把自己准备好的英语，用一分钟演讲出来。全部演讲完了之后，我们现场投票。票数最高的同学被评为"每周英语之星"。照片、事迹上"学习园地"。全组加分，竞争非常激烈。

星期四，"音乐欣赏日"。放学以后，每个小组选一个同学把自己最喜欢听的古今中外的名歌名曲找来。德智体美全面发展。凡是懂音乐的孩子，各个都是有灵气的。我力求让孩子们能够学得聪明一点。放学以后，每个小组找一个同学，播放自己喜欢听的音乐歌曲，播放时介绍词曲作家和音乐的背景。全班欣赏完了之后投票。票数最高的同学，被评为"每周音乐之星"，照片、事迹上"学习园地"，全组加分。被评选上的那支歌被评为每周一歌，我们有一个录音机，每天课间都播放。

星期五，"无批评日"。

星期六，"外出活动参观日"。如果家长给联系了，我们就出去参观。假设没有联系成，我们就做其他的事情。

星期日，"小主人劳动日"。在家做一件家务劳动，学做一样拿手小菜。我们搞了一个小主人活动的大比拼，让全班每个孩子把自己最拿手的一样菜做好带到教室来，全班同学品尝之后做一个评比，效果非常好。

一周七天被称作"七彩阳光的生活"，深深地吸引着每一个同学。

作为教师，只有用我们一种快乐的心态，智慧的大脑，充沛的体力，才能引领我们学生走向快乐的人生。在他们长大成人以后，回首自己的往事，可以自豪地说，在我的老师的引领下，度过了自己人生最美好的黄金时代。这不仅是每一个孩子所期望的，也是我们每一个老师所追求的。

开展丰富多彩的学生喜爱的班级活动

通过丰富多彩的班级活动可以又快、又好、又受学生喜爱地解决班级发生的种种问题。班主任一定要会开展班级活动。做好班主任工作有三个"基本"：

（1）做好班主任工作的基本功；

（2）建设集体、教育学生的基本手段；

（3）班主任育人观的基本体现。

如果说活动是个体生命的体现，班级活动则是班级活力的体现。

如何开展活动呢？首先要认识班主任在班级活动中既不能包办代替，又不能袖手旁观的多重角色。

（一）什么是好的班级活动

在班级活动中，要充分体现出班主任的主导作用与学生的主体作用：

1. 班主任在班级活动中的主导作用

（1）总策划者——发挥主导作用

建筑家的图纸

剧作家的头脑

画家的眼睛

音乐家的灵感

例如：

＊《青春三部曲》的写作过程就是每一个学生接受教育的过程。

＊开学踢出的前三脚（三个班会活动）

①给个性展示的空间——"难忘青春足迹 难忘初中生涯"

②为发泄创设场所——"峥嵘过去 崛起今日 辉煌未来"

③为人格完善找准位置——"全班一盘棋"

设计活动时要注意：要用学生的大脑去思考；用学生的兴趣去填补自己兴趣的空白；用学生的情感去体验情感；把学生的困难当成自己的困难；把自己的需要转化成学生的需要（卡耐基钓鱼）；让简单有趣的活动代替枯燥无味的说教。

（2）指导班级活动的总导演——发挥指导作用

＊14岁我在想

（3）参与活动的演员——发挥诱导作用

＊打雪仗

（4）总结活动的旁观者——发挥引导作用

＊班主任的话——请回答我的问题

2. 学生在活动中的主体作用

（1）心灵的震撼与参与

（2）从外向内的转化

（3）变说服、教育为自觉行动

＊开学"四把火"

（二）班级活动的作用——建设集体，发展、完善个性的基本途径

（1）在班级活动中帮助学生树立理想、信念

＊开学第一天——天安门升旗

（2）班集体的建设要在活动中完成

＊263种标本的完成

（3）班级活动为学生的个性发展和完善、为个性特长的发挥搭建平台

* 抓间谍

（4）通过班级活动可激发学生生活热情、提高学习兴趣

　　* 赛车

（5）只有在活动中才能让学生体现自我价值

　　* 做月饼

发挥此作用的前提是：

　　我们开展的活动必须是有时代特色的、符合学生身心发展规律的，是学生喜欢的、有学生年龄特点的，而不是走形式的、表演式的、应酬式的。

（三）设计班级活动时要注意抓住的特点

（1）创造性

（2）自主性

（3）知识性

（4）超前性（不仅是发现问题、解决问题，更是预知问题、防止问题的发生）

（5）针对性

（6）实践性

（7）多样性

（8）趣味性

（四）设计班级活动的过程

三个过程、五个阶段、十一个环节、三个关键、一个目的如下表：

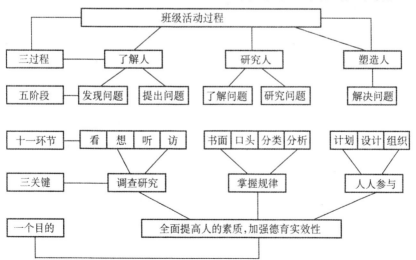

例如：

面对一个不活、不闹、不学、不笑的班级，我们通过怎样的过程来解决问题呢？

（五）在组织班级活动时的注意事项

七个要领：

（1）培养情感是基础

（2）抓住规律是原则

（3）组织活动是条件

（4）系列教育是途径

（5）由内到外是目的

（6）由浅入深是方法

（7）利用时机是窍门

（六）开展班级活动的形式

1. 系列性主题班会

我把在《育人蓝图》"三年教育规划"中为主线服务的班会定为系列性主题班会。这一主题要贯穿在一年的教育主题中。这一主题不可能企图通过一次班会而达到，要设计一系列的教育活动，由浅入深、由表及里、由内到外。我要求自己在开展系列主题班会时要主题明确，说服力强，能够有计划、有系统地对学生进行情感教育、人生观教育、理想、信念教育。开展系列性主题班会，要做到以下几点：

（1）有明确的主题

系列性主题班会首先要求主题明确，思想性强，有时代气息。比如，初一的情感系列，我们抓住"了解，热爱，尊重"这一主题，让学生从了解开始再谈热爱，直到尊重。开展了"妈妈，您对我的教育我永远难忘""妈妈，请原谅您不懂事的孩子吧！我对不起您""理解是双向的"等主题班会，由于这些班会主题明确，论理深刻，都收到了良好的教育效果。

（2）要有教育系列

主题班会的教育内容，要贯穿平日思想教育的始终，当教育形成系列时，主题班会的主题就自然而然的形成了，它是系统的思想教育的高潮和总结。

如：初一情感系列我们从"了解妈妈、热爱家庭、尊重长辈"开始，到"了解同学、热爱集体、尊重师长"到"了解社会、热爱祖国、尊重人民"，让这一主题层层深入、步步升华。

初二配合人生观教育，抓住是非观、苦乐观、价值观、幸福观等系列来突破从少年到青年的过渡。开展了"告别了，幸福的少年时代""迎接你，火红的青春""当我十四岁的时候""新的起步"等系列教育活动。到刘胡兰家乡发展了第一批团员，骑车远足途经卢沟桥、长辛店、周口店、云居寺、十渡进行社会调查，开展"六个一"的比赛。

初三我们着重抓理想教育。根据学生理想发展阶段的特点和自身思想矛盾转化的特点，抓住远大理想和现实可能性的矛盾，以及学生理想教育中应注意的问题，我们开展了系列理想教育活动"昨天我立志，今天又达标，明天再追求"。从"追求什么"到"如何追求"；从"理想之歌"到"成才之路"。最后我带学生乘船去了山东省长岛县，在长岛大海边我们召开了"让理想展翅飞翔"的主题班会。学生们先抓阄为祖国、为社会，为自己的同学、朋友设计理想。在设计的同时，他们还要听别人对自己的评价。在充分认识自己、认识别人之后，来理解理想更深层次的含义："一个人的理想是和整个社会，和他人紧紧地连在一起的，脱离了社会、脱离了环境、脱离了他人谈理想是狭隘的。"回过头来，再谈自己对理想的认识，确实深刻多了。

面对波涛汹涌的海面，看海鸥翱翔，学生们心胸无比开阔。每个人倾吐真言，欢声笑语与海浪的拍打声、海鸥的呼叫声交汇成了一支强有力的"理想"交响曲，激励着每个人，震撼着每个人的心弦。"为振兴中华而奋斗"已成为势不可挡的洪流，班会开得生动活泼。

系列性主题班会的过程是一个发现问题、提出问题、研究问题、解决问题的过程。

（3）有良好的情境

主题班会要抓住学生的心理特点，在良好的情境下召开。良好的情境可以使主题更为突出，内容更为丰富。抓住学生思想，有的放矢。如"告别了幸福的少年时代"。我选择了秋日位于远郊的共青林场的烈士墓旁。一簇簇火红的枫叶在一片金黄的树林中跳跃，它像一支支火把在燃烧。会议开始了，一层纱幕徐徐降落，纱幕后面，随着鼓号声和"我们是共产主义接班人"的歌声，由远而近，出现几组造型：出旗，入队，呼号——一下把每个人带回自己的童年时代。塑型活动开始了：扮演红领巾的同学感情真挚地一段道白后，挥手向大家说"再见了！再见！"同学们向前扑去，"红领巾，请你等一等，我们不能离开你！"这一声深情的呼喊，揪住了多少孩子的心！他们不由自主地双手捂住红领巾，眼泪夺眶而出。会场静悄悄的，没有一点儿声音。"告别了，幸福的少年时代"主题班会就在这样一场序幕之中开始了。这声声呼唤，这幕幕情景，给学生们留下了永恒的回忆。

（4）神秘的会前准备

我召开主题班会，让班会的主题在一环环教育中自然形成。但具体会议形式和要求是保密的，不进行预演，不为应付检查、观摩而走形式。在班会召开之前，每个学生都会领到任务，根据任务悄悄进行准备，注意保密。这样，每个学生都带着想得到什么和想发现什么的求知欲望来参加活动，因此，感情的流露是真挚的，渴望开会的心情是迫切的，会议的内容是新鲜的。这样的班会，往往会出现我们事先想不到的结果，一切都是真实感人的。这样的班会贴近学生、贴近实际、贴近生活，它帮助同学们在人生的十字路口上选择正确道路。同学们在文章、日记中赞扬说，像这样的会，开多少都没意见，因为它会使我们终生难忘！

2. 活动性班级活动

活动、玩儿，是学生最喜欢的，是孩子的天性。活动性班级活动，多以"玩儿"的形式出现，一般都在室外进行。以玩儿为主，玩儿中受益，寓教育于"玩儿"的活动中。

"玩儿"本身也是学习。我多次给学生讲"玩儿"的意义，并教学生要会"玩儿"。让学生知道同样是玩儿，可以有不同的效果和收益，引导同学们在"玩儿"中注意观察生活，激发感情，不断增强对生活的热爱与追求。活动之前要告诉他们活动的主题，启发他们学会在活动中去探求真、善、美。要把整个活动搞得有声有色，有血有肉，这对我们班主任要求很高，要付出很艰苦的劳动。就拿我们每年暑假的夏令营活动来说，每一次都有一个主题，整个活动培养学生交往、组织、活动等多种能力；让集体主义精神、爱国主义情感在活动中发扬光大；让坚强的意志品质、克服困难的勇气、关心他人的责任意识在活动中得以锤炼。

初二年级暑假，我们配合苦乐观、幸福观、价值观的教育，组织全班同学骑车去距校二百多里的十渡搞了"了解祖国，认识自然"的夏令营活动。大家一路走一路学习，搞了"六个一"的比赛：写一首诗，画一幅画，写一篇调查报告，交一个当地朋友，为活动出一个主意，为他人做一件好事。在卢沟晓月下，在长辛店大罢工纪念馆，在周口店猿人洞旁，在云居寺藏经洞，在十渡沙滩上，都留下了同学们考察的足迹，留下了大家的欢歌笑语，留下了同学们对伟大祖国无限热爱的颗颗滚烫的心。同学们经历了苦与乐的考验。在"苦与乐"的演讲会上，他们激情地道出了自己的收获："不经一番风霜苦，难得梅花放清香。"一首首感人的诗句、一幅幅充满激情的画面，记录下了他们的情、他们的爱、他们的多彩人生。他们决心以"不到十渡非好汉"的精神去对待学习、生活和工作，在人生的道路上走出一条开拓之路、幸福之路。

活动性班级活动深受同学们的喜爱，但搞这种活动老师要费力，而且要担风险。因此，要求我们必须组织好，要有好的班风和集体形成的基础。当然，问题难免发生，但只要我们胆大心细，思考周密，计划严谨，就可以不出问题或少出问题。几年中，我们不管是爬高山还是下大海，坐火车还是乘轮船，骑车还是步行，滑冰还是游泳，我们战胜了狂风暴雨，冰天雪地，太阳暴晒，没出过什么事，也没人生病。这说明，我们只要把工作做到家，就会一路平安。活动搞多了，便会总结出搞好活动的经验，当然不可掉以轻心，时刻都要牢记：安全总是第一位的。

3. 知识性班级活动

我们面对的每个学生，都有某种智能发展的可能。但有些学生现阶段没显露出来。我们应尽力想办法，在学生时代给学生创造各种条件，把他们引进知识的海洋，让他们在知识的海洋中遨游，使个性潜能得以充分的发挥。教他们学会用脑、动手，鼓励他们自由想象，开阔思路，使他们的个性潜能在中学时代得以挖掘。

知识性班级活动是学生个性发展的良好园地。在这些活动中，他们学习科学，热爱科学，使自己的兴趣、爱好、特长、能力得以发挥。同时这些活动也渗透着思想教育。寓教育于知识中，不拘形式，有时走出去，有时请进来。

如：我们以"打好基础，攀登高峰"为主题参观了计算机研究所；以"探索"为主题参观了邮电大学"全息图摄像"；以"爱鸟月"为主题参观了北京师范大学生物标本试验室，并调查了解珍奇鸟类资源；以"迈进科学知识的大门"为主题，参观了科学电影制片厂，并观看了制作、拍摄、特技全过程；以"祝贺我国第一部大百科全书出版发行"为题，请编辑为我们做了动人的报告，生动的事例激发了同学们的爱国热情；以"学好外语，走向未来"为主题，请外语学院的教授为我们讲解学习外语的意义和方法。为了提高学生的写作水平、指导学生阅读，我们走向首都图书馆，参观、访问、学习、借书、查书目，真正体会"书，是人类进步的阶梯"。从挖掘题材到如何立意，我们组织了口头作文比赛、阅读体会座谈、评价一篇作品的辩论会。

为了培养学生的动手能力，我们配合物理课的学习，搞了一个别开生面的"看谁跑得快"的活动。这个活动由物理课代表主持。他为全班同学买了小电机，然后由个人或自愿结合组成小组分别安装设计成各种赛车。还专门请物理老师讲解原理。那几天教室里热闹非凡，有的找材料，有的找专家，大家互相切磋、争论、研究，学习气氛空前高涨。赛车终于制作成功了！我们拿到操场上，几十辆赛车排成一排，有尖的、有长的、有火箭式的，形态各异。比赛开始了。物理老师做裁判，只见老师举着跑表"预备——放"，刹那间操场上一片欢笑，一片沸腾。有的车迅速冲过，遥遥领先；有的车刚跑就翻了跟头；有的则转弯向后跑去。这是为什么呢？同学们很自然地议论开了。失败的同学不甘心，他们要搞清失败的原因，重新修车、改车。探求的欲望就这样被激发了。他们被这些有趣的活动迷住了，沉浸在自己的理想之中。让学生展开理想的翅膀，配合爱校教育，我们开展了设计"我们理想的校园"沙盘制作活动，很多同学深深地爱上了建筑这一行。

知识性班级活动诱发了学生的学习兴趣，指引了活动的方向，为学生立志成才提供了活动的条件。这正是我们班主任在培养人才时应发挥的作用。

4. 节日性班级活动

心理学表明："轻松、愉快、乐观的、良好的处境、情绪，不仅使人产生超强记忆，而且能活跃创造性思维，充分发挥心理潜力。"在繁忙的学习之余，放松心情，搞些娱乐活动，可调节生理功能，促进创造思维的活跃。我注意利用相应的时机，抓住各种节日，开展轻松愉快的班级活动。

一年有多种节日，这样好的教育时机是不能错过的。元旦、春节、清明、教师节、五一、十一……根据节日的性质、特点，结合教育的中心内容，运用综合教育手段，可以使学生同时接受学校、社会、家庭的教育影响，构成道德品质知、情、意、行各心理要素上的全面发展。节日是重复出现的，但我们的活动不能重复，要不落俗套，年年翻新，给学生一种新鲜感。在创造性活动中激发他们的创造热情，鼓励他们的个性发展，奋发向上。

5. 教育性班级活动

我把针对解决班里问题的、教育性较强的活动称为教育性班级活动。它一般由我认真备课，亲自主持。力求内容集中，材料丰富感人，说服力强。

如：我针对学生不懂珍惜时间，不会安排时间，不懂得时间和生命价值的关系等问题，组织了高尔基《时钟》欣赏会。针对同学目光短浅、不求上进，以"冯大兴为什么走上了犯罪道路"为题，组织了答辩式的记者招待会。

教育性班级活动针对性强，能及时抓住班上的思想动态进行教育。只要我们备好课，材料丰富，并能以生动有力的语言和感情吸引学生，把话说到学生心坎上，学生是愿意听的。我们许多这样的活动都收到了很好的效果。在《时钟》欣赏会之后，很多学生交上了学习计划。一个一开会就捂耳朵的学生，要走了《时钟》这篇文章，他不仅抄下了全文，还写了读后感：

"无休止地走动着的时钟告诉了我，怎样活着才能意识到自己为生活所需；怎样活着才能不丧失信念和希望；怎样活着才能使每一秒钟不浑浑噩噩地白白流失。"

他交了入团申请书，这使全体团员都异常兴奋，为他的进步而欢欣鼓舞。

这样的活动质量要求高，不宜搞得一般化。它需要我们不断学习和探索，深化主题，使教育达到预期效果，加强德育的实效性。

6. 即时性班级活动

以上所谈班级活动都是按计划有准备进行的。但是有的时候，工作计划中并没有安排，偏偏遇上了教育学生的好机会，这就要求我们抓住时机，充分发挥教师的教育机智，做好工作。我把这样的班级活动称之为即时性班级活动。即时性班级活动抓好了，往往会收到意想不到的效果。

一次，我们在雍和宫义务劳动植树。当时正值三月，地还没解冻。学生没有受过这种累，没抢几镐，满腔热情一下就冷了，风凉话接连而来："还不如一人交5元钱。""我们是廉价劳动力。"还有几个人索性不干，四处溜达去了。这是我万万没想到的。我脱掉衣服，拿起镐干了起来。同学们围过来了，我边干边讲着："我想起我上学时去种树，老师不带我们女生去，我们扒着车偷着去的……"我边讲边刨着，一使劲镐把断成两截。这时有几个同学忙抢镐，"丁老师，给我们干吧。"我说："快！咱们一块干，看谁刨得快。"一个学生冷笑着说："这能快吗？也就是咱们国家种树还用镐刨，人家外国都有刨坑机。"我说："我们国家之所以有今天，是多少先辈一锹一镐干出来的，你知道吗？"没想到他很快地反驳我："既然社会主义是一锹一镐干出来的，那我们还搞现代化干什么？"正在这时，一群外国人下车走了过来，他们站在我们周围，比比划划地说些什么。一个翻译走到我们面前，问我们是哪所学校的，是来干什么的，同学们一一做了回答。外国人伸出大拇指，拍着学生肩膀一个劲地照相。望着他们远去的背影，大家兴奋地说："咱可给学校争光了。""他表扬咱们勇敢、勤劳，还说咱们英语说得真棒！""咱给中国争了光了。"说着这个学生跳下坑，拿起镐，嚷着："我真幸福！"

这是一个多么好的主题呀！我们一定要抓住！回学校后，一场"什么是幸福"的大讨论开始了。这次讨论给学生留下了非常深刻的印象，讨论一直在延续着。学生们在作文中、日记里都记下了这难忘的一课。

7. 学生自己组织的班级活动

开展班级活动，很重要的一个目的是要培养有创造性的一代新人，通过活动使他们增强追求理想的动力和探求知识的引力，培养观察、想象、分析事物的能力和坚韧不拔的毅力。为实现这一目的，我鼓励学生自己设计活动，自己组织活动。

冬季到了，下起了第一场大雪。学校不许打雪仗，可这是学生们最喜欢的活动。同学们倡议：组织一次"颂北国风光"的班级活动，我双手赞成。在班委会的支持下，他们自己设计了活动方案。首先由班长动员，然后由体育委员带领全班排着队一路高喊着口号跑步到景山。当大家登上万春亭，望着千里冰封、万里雪飘的美丽景色时，激动不已。我也和他们一起打雪仗，一起作诗，一起爬山。我竟然忘记了自己的年龄，真是高兴极了，因为我享受到了学生自己设计、组织活动的快乐。

8. 锻炼学生能力的班级活动

学生的能力需要在活动中得到锻炼，班主任除了要教会学生提高工作能力的方法、责任之外，还要为学生创造能独立组织班级活动的机会。我采取了层层举办班级活动培训班的办法。

除了平时对干部加强培训之外，还组织班干部给小组长办培训班。由他们再培训一批活动能力强、组织能力强的骨干。我有意识地给他们创造机会，采用"承包"的办法，把全班分成若干个小组，分阶段地让每个小组围绕班内的中心工作组织班级活动。他们组织了"让集体充满爱""生活中的酸、甜、苦、辣""足迹""比爱更深的是理解，比理解更深的是奉献"等活动。这些锻炼学生能力的班级活动，不但锻炼了学生的能力，也给班级生活带来了不少的乐趣，增添了集体的凝聚力。

9. 团体心理辅导班级活动

根据学生心理、生理、思维、接受能力等特点，在有的问题上需要在班会活动中利用他助、自助、互助相结合的方法，让同龄人教育同龄人。为学生创设适当的情境，助人自助、促人自悟，让学生在体验、感悟中进行交流，悟出道理，体验做人的真谛，维护自己的心理平衡，达到自我教育的目的。比如，我们开展了"道德门诊"的活动。每周六下午门诊开诊。只见穿着白大褂、由学生们自己选出来的小大夫坐诊了。挂好号，外科、内科、神经科……一个个诊室都围坐着十几个"患者"，大家在兴奋地谈论着、看着、听着。他们就自己想谈论的、想不开的、有兴趣的、高兴的话题在滔滔不绝地谈得如此投机的时候，我深感利用协作的团体，采用互动的形式，在同龄人和同龄人之中架起一座沟通的桥梁是如此需要。这样的活动我们搞得太少了。

10. 点题班会

我们经常要接待外来参观的团体，有时学校领导或老师们也想要来看我们的班会。看班会的目的是通过班会让参观者检查我们班干部的能力和水平，体现班集体的团结和协作精神，检验学生的应变能力、精神风貌。而点题班会正是能力的集合，是对集体力量的检验，是实际水平最真实的体现，是受学生欢迎的一种好形式。

点题班会是让参观者当时出题给学生，班主任不参与，由班干部在毫无准备的情况下自己主持。他们要带领全班同学经过 10 分钟的准备，当场召开。点题班会为我们走到外校，交友谊班，走到外省市参观、游览、学习，提供了非常好的资源。因为我们走出去要经常受到当地学校、领导的帮助，他们经常希望我们能当场开个班会。我们都是高兴地答应，让他们当场点个题，如："丰富多彩的学校生活""什么是幸福""太原印象""大海"等。学生们的领导、组织能力、协作能力、应变能力、创新能力，受到了与会者的一致好评，这也更增强了学生对集体的热爱。点题班会的成功，让我们的集体更自信、更团结、更和谐。

（七）开展班级活动的注意事项

做到五个结合：

（1）社会需要、教师需要、学生需要相结合

（2）科学性、规律性、时代性相结合

（3）针对性、预见性、持久性相结合

（4）他助、互助、自助相结合

（5）多样性、艺术性、新颖性相结合

强化班级文化建设，树立班级整体形象

何谓班级文化？简单地说，就是班级风貌，是区别于其他班级的核心元素。班级的管理，说到底就是打造班级的文化。我在工作中一直致力于精心打造班级文化。在日常工作中，特别注意以班训、班歌、班徽、国旗下的誓言、教室里张贴的名言警句为标志，形成班级成员共同追求的目标和激励班级成员奋发向上的精神支柱。通过逐步形成勤学、会学、乐学、善用的优良学风，组织各种丰富多彩的活动，形成各类积极向上的友伴群体，建立起平等、和谐、宽松、民主的人际环境等来形成良好的班级氛围。通过班干部体系的建设和系统化的班务管理软件的建设，形成班级成员共同遵守的规范，坚持不懈地抓好行为习惯的养成教育，充分发挥学生自我教育、自我管理、自我约束的作用。

具体做法如下：

1. 给班级以自己的标识

引导学生创建班级的特色，构建班级的价值观和班级精神，明确自己班级的追求。

（1）制定班训。通过征集意见反复讨论，共同确定了班训："人格＋学力→成才"。明确了"人格追求"讲五心："忠心、爱心、关心、孝心、信心"；"自我教育"要五自："自信、自省、自治、自重、自强"；"基本要求"是五实："诚实、坚实、扎实、朴实、踏实"；明确"学力构成"包括："思想道德、科学文化、身体心理、审美鉴赏、劳动技能"五个方面。

（2）自己创作班歌：《雄鹰之歌》《雄鹰进行曲》。学生集体创作歌词，由音乐老师作曲，班歌唱出了班级的豪情。

（3）举行国旗下的宣誓仪式。学生集体审定，确立国旗下的誓言，每周

一主题班会上举行国旗下的宣誓仪式。

（4）设计雄鹰班的班徽。

（5）创办自己的图书站。订阅《中学生》《中学生博览》《中学生语数外》《学习方法报》《德育报》等十多种报刊。购买或募捐、互借中外文学名著、优秀人物传记等。用美好的思想、美好的情感美化学生心灵。

2. 创建班级媒体

（1）《班级日记》，这是由值日和值周班委填写的，每周一的班会前宣读。他们记录班级的大事和各种情况，发表自己的观点，表扬好人好事，批评不良行为。总之，对班级进行总结、评价、展望或提出要求。

（2）创办《雄鹰》班刊。由学生自己写稿、自己编辑，可以说100%原创。起初是包括文学、书法、绘画等方面内容的综合性杂志。后来，内容则以研究性学习的成果为主。

（3）系列主题班会。如每届新生召开"我们有缘在一起"的主题班会；召开"展雄鹰之翅，树雄鹰之魂，圆世纪之梦"的主题班会；高考前召开"奋飞·雄鹰"的壮行主题班会；召开"路——我们携手同行"的主题班会；召开"中国脊梁"诗歌朗诵会等等。

（4）创办域名为"雄鹰班·中国"的西部首家中学生班级网站《天府雄鹰》。通过互联网，实现雄鹰班各届成员的沟通与联合，实现班级跟家长、老师、学校和社会的沟通与交流。

3. 建设强有力的班干部体系和严密的班级管理软件系统

（1）班干部的选拔与轮换。

除高一新生的首届干部班子在广泛征求意见的基础上由班主任指定外，以后每届都采用竞选与民主记名投票相结合的办法选举班干部。每届干部的任期为一学期，不得连任，让更多的学生有承担责任和获得锻炼的机会。学期结束前选出下届干部班子，以便假期思考和安排自己的工作。

（2）班干部系统设置与分工合作。

按实质内容把班务工作划分为三个系列。其中，思想建设由团支部书记负责，宣传、组织委员协助；纪律建设由班长负责，纪检、劳动、生活、体育委员和组长、室长协助；学习建设由学习委员负责，科代表和组长协助。三个系统由班长统一领导，分工协作，形成一个具有系统合力的紧密团结的有机整体。

4. 开展系列研究性学习

通过开展"成功——我们还需要什么？""自主学习及其策略""数学的文化内涵"等系列研究性学习，开拓学生视野，培养学生研究事物本质与内在规律的探索精神和习惯，促进学生的思想从感性走向理性。这正是学生建构自己文化平台的关键所在。

5. 多渠道实现学生、老师、家长之间的沟通与交流协调

（1）每个同学都有一个被称作《路与桥》的笔记本。路——通向成功的路，桥——沟通心灵的桥。这个笔记本记录着学生高中生活的足迹：悲与喜，成功与失败。有人生的展望，有阶段性的总结规划。通过它实现学生与家长、老师特别是班主任的沟通。

（2）多种形式的家长会。小型家长会解决具有相似情况的学生问题，大型家长会解决全班问题。改变传统家长会单纯由家长参加的做法，让学生一起参与。而且坚决不向家长"打小报告""告状"或仅向家长提供学习成绩单，更不训斥、教训犯错误、有缺点的学生及家长。我们的做法是让学生唱主角，给家长展示他们的精神风貌，汇报他们的追求和思想；让家长唱主角，让他们作报告，谈他们的期望、他们的要求；让各科老师唱主角……总而言之，让家长会成为谈心会、交流会、动员会。我们还注意家长会的内容、形式、地点、时间的综合设计安排。

（3）必要的家访和约定家长到校个别交流情况，以及经常性跟学生个别谈心都是实现沟通的好办法。

（4）成立家长委员会（或家长、学生、老师联席委员会），让家长参与规划并参加班级活动，营造包括学校、家庭和社会的大范围的健康育人氛围。

6. 组织开展多种形式的实践教育活动，主动调控学生各类友伴群体，促进学生综合素质特别是个性和谐发展

（1）组织各类兴趣小组活动、丰富学生课余文化生活。我们的兴趣小组分三类，学科类兴趣小组包括：数学、英语、物理、化学、政史等；体育类兴趣小组包括：男子篮球、女子篮球、男子足球、乒乓球、羽毛球、田径、登山、武术等等；文艺类兴趣小组包括：文学、绘画、书法、摄影、演讲（辩论）、舞蹈、音乐等等。

（2）开展丰富的班、团活动，活跃班级的气氛。组织比谁起得早、比谁穿得干净、比谁唱得好、比谁弹（吹）的妙等趣味小比赛，组织寝室之间的篮球赛、环保赛、就寝纪律赛等。

（3）组织社会实践活动。让学生走向社会、面向社会、学习社会，在活动中开拓视野，思考人生，增加学习动力。如青年志愿者义务服务，"送温暖、献爱心"活动，为残疾人、军烈属、退休教师做好事等等，特别是在寒假组织学生进行社会调查，如拜访大学生、研究生，拜访成功人士和访贫问苦等等活动。要求他们在假期读几本好书，做几件好事。

（4）积极参加学校劳动技能教育。我在班级文化建设实践中，根据《中学德育大纲》提出的德育目标、任务和基本要求，遵循品德素质教育的原则，

把德育目标和内容融入班训、班歌、国旗下的誓言之中，使学生树立正确的"三观"。

通过高中班级文化建设，学生在学校和班级组织的各种有益活动和优美的校园、班级环境中，不断吸纳传统优秀文化和时代先进文化，增强了责任感，更自觉地规范了行为习惯。

怎样克服主题班会中的形式主义

班会是班级为解决同学们学习、思想、生活等方面存在的各种问题而组织的全体成员会议。班会有很多种类型，通常可分为临时性班会、例行班会和主题班会这三类。临时性班会一般因班级突发事件而召开，例行班会主要解决班级常规工作中存在的问题，主题班会较前两类而言，中心更加明确，策划更具目的性，重点在于提高同学们的思想认识。主题班会较前两种班会而言，是一种更加高级的班会形式。

目前，中小学的主题班会普遍存在形式主义的弊端，更突出的表现是：班会变成了表演，老师是"编剧""导演"，同学们是"演员""观众"；同学们在班会上的发言，不是他们真实思想的表达，而是老师意志一厢情愿的体现。这样的班会，不管形式上有多少花样，也不可能出现思想上的碰撞、激荡和交锋，只有空洞、苍白、枯燥的说教。

主题班会的根本目的是：通过班集体的力量，解决同学们思想上存在的问题，最终提高他们的思想认识。因此，策划主题班会的着力点是触动同学们的思想灵魂，引导他们讲真话，动真情，论真理。

1. 主题的确立要实在，忌大而空

实实在在的班会主题主要来自三个方面：一是同学们普遍感兴趣或共同关心的问题。比如刚入学时，同学们如何适应新环境的问题；进入青春期时，男女同学交往的问题；毕业时升学就业的问题等等。二是同学们之间在认识上存在较大分歧的问题。比如，如何正确对待本班利益、学校利益、其他班级利益的问题。三是班集体或学校、社会发生重大事件引发的话题。比如，班里有同学获奖、学校取得了重大荣誉、当地出了英雄模范人物或出现了影响较大的恶性事件时引出的话题。

2. 要重视酝酿的过程

主题班会的召开，要有一个酝酿的过程，这一过程的目的是让同学们有足够的时间深思熟虑。一般情况下，班会的主题确定之后，为了引导同学们积极思考，可在主题之下拟一些子题，分到每个学习小组里，要求各小组在三天至五天的时间里，以这些子题为中心搜集整理一些相关资料，拟定小组的发言提纲等。比如，一个以"青春期男女同学交往"为内容的主题班会，可以拟如下子题：什么是青春期？青春期会表现什么样的心理、生理特征？家长们怎么看待进入青春期的我们？搜集6位伟人在青春期时的事迹等等。同学们准备的过程，就是一个受教育的过程。经过这样的过程，每个同学都会形成自己的观点和看法。即使是错误的，也是自己思考的结果。这样就不会出现班会上同学们无话可说、无问题可想的情况了。

3. 要培养学生真实表达思想的习惯

很多老师开主题班会时之所以给学生写发言词，一是担心孩子们的表达能力，二是担心孩子们自主发言会跑题。但是，这样就剥夺了孩子们思考的权利。结果，孩子们越来越不会真实地表达自我了，只会照着老师定好的发言稿去念。孩子们真实地表达自我思想的习惯需要慢慢培养，也许一开始的时候会乱成一锅粥，会离题万里，但只要你注意引导，孩子们就会慢慢步入正轨。引导中，我们可以不赞成孩子们的观点，但我们一定要尊重他们的思考。尊重是个态度问题，不应该与观点的正确与否有关。当孩子们感受到来自老师的尊重时，他们就敢于表达自己的思想了。对于小学低年级的学生来说，由于他们的表达能力低，要求他们独立表达自己的想法是不现实的。但我们可先拟出一些不同的观点和做法，通过给他们选择的权利而培养其独立思考、自我判断的习惯和能力。

4. 不放弃班主任的主导地位

班会中，尊重孩子们的独立思考，并不等于放弃教师的主导性。否则，我们的班会就会失去正确的方向。这样，不仅起不到应有的教育作用，甚至还会造成孩子们思想上的混乱。首先，确定主题时，一定要针对孩子们思想上存在的问题，确立明确的教育目的，依照教育目的，设计活动方案，使内容和形式都服从于教育目的，避免随意和盲目。其次，要对班会上可能出现的各种观点有一定的预见性。班主任在班会的酝酿阶段，要多参加同学们的小组活动，通过多种方式了解学生在准备阶段的思想状况，对学生中存在的各种观点，要做到心中有数，特别是对那些与预定的教育目标相去甚远或是相对立的观点。可提前与同学们进行一些简单的交流，也可给他们提供一些资料或者资料线索。这些活动看起来很随意，但为班主任对学生施加正面影响创造了机会。最后，在班会总结这一环节上，班主任必须表明自己的观点。总结时，不要轻易肯定一部分，否定另一部分，更不能批评、讽刺、挖苦那些观点不正确的同学，要向同学们谈自己的认识。这样，既保护了有错误观点的同学们独立思考的积极性，又利用班主任这一特殊身份的威信，起到了正确引导的作用。

5. 要注意巩固和延伸

一次主题班会后，以这个主题为中心的教育并没有结束。首先一定要形成一个决议。班会结束后，班主任老师要组织同学们制订出具体的落实方案，并督促同学们落实。其次，经过精心策划的班会，气氛会很热烈。在那样一个特殊的氛围中，同学之间互相启发，彼此点燃思想的火花，感动的话语，会激起同学们强烈的感情共鸣。班主任老师应抓住这一时机，发动同学们在班会之后，将他们的体验和感受记录下来，通过回味、反思和总结，使他们的思想和认识得到升华。

第五章

素质教育实施中班级活动重建

对班级和班级活动的再认识

随着社会和教育的发展，我们对班级的认识也经历着一个相应的发展历程。班主任的角色定位与对班级性质的认识应该是相匹配的。班级活动作为班级功能主要的承载体，在功能、形式和内容上同样需要在新课程背景下重新定位。

一、班级和传统的班级内涵

班级的概念是建立在班级授课制基础之上的。将学生按年龄和知识水平分别编成固定的班级，即同一个教学班学生的年龄和受教育程度大致相同，并且人数固定。这样，同一学校中就会形成不同的班级。对班级的传统解读一般是："班级是一个为了实现一定目标，有意识、有目的地组织起来的、在时空上保持一定统一性和连续性的群体和组织。"

在传统概念中，班级是班级授课制的组织基础，是学校教育的一个组织概念、一个管理单位。

1. 传统的班级是班级授课制的组织基础

班级授课制产生于西方近代资本主义兴起的时代，是由于要求普及教育、扩大教育教学规模、提高教学质量和效率，从而批判、否定分散的小农经济和封建隔绝状态下长期实行的个别教学组织形式的结果。捷克教育家夸美纽斯首先对班级授课制从理论上加以总结和论证，使它基本确定下来。以后，赫尔巴特等教育家的补充，使它进一步完善。它是学校按学生年龄和受教育程度编成班级，使每一个班级有固定的学生和教室，由教师按照固定的教学时间表对全班学生进行教学的组织形式。

2. 传统的班级是学校教育的一个组织概念

在学校教育中，班级是学校的垂直组织（年级），水平组织（班）和教学活动时空形态（课）的三维综合体。传统的班级观往往把班级视作一种管理组织或一种纯粹的社会组织。在学校中，班级是学校教育教学活动的基本组织。它的组成是规定性的，编班一般由学校统一操作，学生不能随意调班。班级成员是同龄学生，身心发展大体处于同等阶段。班主任是班级中的特殊成员，是班级的领导者和指导者。

3. 传统的班级是学校教育的一个管理单位

受传统班级观的影响，人们往往关注的是班级的管理和执行职能。学校通过对班主任的任命和评价，将管理要求付诸实施。班主任往往通过晨会、班会等多种渠道，通过班干部或班级的各项规章制度具体落实学校的工作要求。在许多学校，每学期开学都要按照惯例召开班主任工作会议，会议的主要内容是发放学校工作计划。详尽的工作计划往往落实到月份，每一个月都会有明确的主题。这些主题，有的来自于上级行政的要求，有的来自于学校惯例，有的结合时势需要，有的根据每月特殊的节日……最终，都是由班级具体执行。

二、班级和班级内涵的再认识

随着时代的变革，我们需要在新的教育背景下对班级和班级内涵进行再认识。

1. 班级是一个生命共同体

叶澜教授主持的"新基础教育"研究指出："我们眼中的班级，首先是需要发展和处于发展中的人存在于其中的班级，而不是仅仅为完成一系列工作或活动的组织而组建的班级……"我们知道，教育者与教育对象都是人。处在同一个班级的每一个学生，负责教学的每一位教师，都是世界上具有最大主动性和丰富性的生命。小学教育面对的是处在人生发展最重要时期的儿童。他们虽各具差异，但都是独立的、他人不可替代的活生生的个体。班级在一定意义上就是一个师生生命共同体。

2. 班级是一个学习共同体

学生主要是在班级中学习和生活的。班级对学校和教师而言，是进行知识教学、思想品德教育等教育活动的基本单位。在班级中，学生彼此之间由于共同的目的和共同的活动集结在一起，可以互相观摩、启发、切磋、砥砺。学生在与教师及其他同学进行多向交流中，互相影响，从而增加信息来源或教育影响源。这种群体需要一定的氛围和环境，使群体成员之间的关系更具有合作性和发展性，群体成员在同伴共同参与的活动中充分展开自我思考和自我表达。

3. 班级是一个发展共同体

人总是依存于某个社会群体，在这个社会群体中学习、交往、活动。群体不仅是个体赖以生存的组织，而且还能促进个体的社会化，改善个体的行为方式。学生每天都在班级中学习、生活，班级是对学生产生直接影响的团体。班级对学生个体发展发挥着以下三个方面的重要作用。

（1）促进学生自我意识的发展。

学生的自我意识随年龄的增长而逐步发展。小学生虽然已经有独立判断和评价的能力，但在很大程度上仍然依靠他人的态度和意见来确定自我评价标准。在班级里，教师的指导可以帮助学生学会分析和鉴别同学对自己的评价，这将有助于学生自我意识的发展。

（2）促进学生社会性的发展。

在班级里，学生之间进行交往，彼此之间常常有情感和需求的冲突，这就促使学生逐渐认识到尊重自己和尊重别人的重要性。各项班级活动一方面可以促使学生学习如何遵守规范和规则，另一方面，也使他们体验到集体生活的乐趣和同学之间团结友爱的温暖。这将促进他们内化社会价值观念，树立起社会责任感。

（3）促进学生个性的形成。

小学生正处于个性发展的重要时期，良好的集体氛围会使学生感受到班级的温暖和教师的可亲，从而激发学生的成长动力。同时，良好的班级建设为每一个学生提供发展的空间，班级成为每一个学生自我价值实现的重要平台，学生的差异性、独特性将得到充分的尊重。

三、班级活动的再认识

对班级性质的认识不同，就会有对"班级是什么"的不同理解，从而形成不同的班级管理理念和班级活动设计内涵。

在传统班级观的影响下，班级活动主要有以下三个特点。

1. 活动组织形式以学校大型活动为主

在 20 世纪 80 年代，以马卡连柯等为代表的苏联"班集体的建设与培养"理论对我国的班级工作产生了重要影响。统一的目标、明确的标准、强大的凝聚力、一致的进程……当时的班级工作按照集体主义的观点，采用集体舆论、纪律等教育途径开展工作，以大型活动为主要形式。到了 90 年代中期，在集体主义与个性发展相结合的班级工作导向下，小型化活动逐渐多了起来。

2. 活动的内容以学校规定性的为主

过去班主任的工作一般是认真落实学校计划，并照章实施。活动开展的统一性、整齐划一性成为这个阶段的主要特征。很多学校把少先队活动作为班级活动的全部。

3. 活动的策划和组织以教师为主

受班级功能认识定位的影响，在传统的班级活动中，教师是班级活动的策划者、组织者、评价者。班级活动的主题、内容、形式和组织，往往都由教师自己决定。学生在整个过程中该做什么、怎么做都由教师安排。

随着对班级认识的变化，班级活动的内涵需要重新调整。在学校实践层面，班级建设的基本内容涉及诸多方面，但班级活动建设是其中一项重要的基本内容。班级活动作为班主任的重要工作之一，不再是可有可无的东西。

1. 班级活动具有教育性

班级是学习共同体、发展共同体和生命共同体，班级承载着育人的功能。班级活动是班主任实现班级功能的重要渠道，是班级活力的体现，它对学生的成长和发展有着极为重要的影响。作为实践活动课程内容之一，班级活动有着广泛的教育内容，其教育意义不再局限于对学生进行单一的思想教育，更有全面促进学生健康成长的一面。班级活动的出发点不仅仅是基于一种社会的需求，而且还要基于儿童的成长需要。活动的目标是满足学生的成长需要，促进学生健康主动地成长，让丰富多彩的活动成为学生的一种生命经历。

2. 班级活动具有整体性

教育的整体性决定了班级活动对学生产生的影响是综合的、整体的。对学生多方面能力的培养，不是简单的拼凑，而是通过班级活动的组织和设计，进行有机的组合。成功的班级活动应该是具有一石二鸟的综合教育效应。班主任应该确立班级活动正确的价值追求，认真思考班级活动与学生发展之间的内在联系，在正确的价值导向下组织班级活动，提升班级活动的功能。

3. 班级活动具有自主性

班级活动的主角是学生。不要让学生沦为活动的"道具"和"看客"，要让每一个学生都参与到活动中去，收获体验，收获成长的快乐。从活动主题的确定和设计，到活动的准备与实践，都应该让学生自己策划设计。只有这样，班级活动的内容才会符合学生的认知水平和心理特点，才会克服活动内容泛政治化、泛社会化的倾向，从而贴近学生的生活；只有这样，班级活动的形式才会避免空洞的说教，避免成人化、程式化的倾向，采用学生喜闻乐见的形式，从而让活动充满童心、童真和童趣。所以，班主任要想办法调动每一个学生的积极性，尊重学生的兴趣、爱好，鼓励学生自主确定活动目标、活动内容和活动形式，让全班学生都投入到班级活动中去，为学生的个性化发展创造空间。

4. 班级活动具有开放性

在社会迅速发展的今天，班级活动如果从内容到空间都不向社会生活开放，那么班级活动的教育意义就没有实效。因此，班级活动应该具有开放性，应与时代发展密切联系，社会的进步、时代的发展在班级活动中应得到具体体现。班级活动的开放性，一方面是指活动内容与生活实际的联系、与学生生活经验的联系，一方面是指在活动形式上实现几个开放：一是向校内开放，兄弟班级之间，不同年级之间，通过班级联系，提高班级活动的质量；二是向家庭和社会开放，通过家校联系，使教育形成更好的合力；三是向社会开放，让学生主动参与社会实践活动，在班级活动中不断认识社会，不断认识世界。

班级活动是坚持"以活动促发展"为指导思想的教育活动。活动是实现"发展"的必由之路，是学生认知、情感、行为发展的基础。"教育的最终目的，是要实现教育对象的全面发展，而教育对象的发展，归根到底要靠他的自我作用，靠他在对象化活动中形成内在本质。"教育要改变学生，就必须先让学生作为主体去活动，在活动中完成学习对象与自我的双向构建，实现自我发展。

班级活动内容与目标

班级活动，就外延而言，可分为两个系列：一个是课堂学习活动系列，比如听课、自学、讨论、小组合作和实验等；另一个是班级集体活动系列。这两类活动在促进学生健康成长的过程中发挥着不同的作用。这里所指的班级活动，特指第二类活动，即在班主任指导下，有目的、有计划地为实现班级教育目标而举行的各种班级教育活动。班级活动是学生认识世界、认识自己、适应社会生活的重要途径。根据学生的成长特点和成长需要，要达到班级教育的理想效果，不仅要考虑班级活动内容的多样性、整合性和开放性，还要注意班级活动内容的时代性。

一、班级活动的内容划分

班级活动是以班级为单位而组织的教育活动，它是整个教育活动的重要组成部分。在叶澜教授主持的"新基础教育"研究探索阶段，班级活动主要围绕四个方面展开：一是一天生活的几个活动环节，如每天的夕会或晨会，每天的教室值日、包干区值日，每天的午间室内活动、午间室外活动……；二是阶段性的班级活动，如班干部的选举、评价总结活动，阶段性的竞赛活动等；三是配合学校的主题活动；四是与思想品德课结合的主题班会活动。

根据不同的活动内容划分，班级活动会形成不同的系列。有的研究者把班级活动分为以下六个方面。

1. 开展爱国爱校教育活动

爱国主义教育永远是时代的主题，是学校德育的主旋律，也是我们开展班级活动的一项重要内容。通过班级活动，可以让学生从中感受到祖国的昌盛、民族的振兴和人民的伟大，可以激发学生热爱祖国、热爱家乡、为中华振兴而读书的强烈愿望。同时，通过班级活动培养学生热爱母校、为校争光的思想感情。

2. 开展集体主义教育活动

做任何事都不能把个人利益凌驾于集体利益之上，所以对学生进行集体主义教育是十分重要的。通过班级活动，可以使学生强化班级观念，树立集体思想，增强班级凝聚力，促成良好班风的形成。学生在集体主义教育中，逐步学会关心他人、尊重他人。

3. 开展遵纪守法教育活动

遵纪守法是做好一切事情的重要保证，也是每个学生学会做人的根本法则。班级开展遵纪守法教育活动，可以让学生学法、懂法、守法、护法，不断丰富学生的法律知识，提高学生的法制意识，为培养未来的合格公民打下基础。

4. 开展规范养成教育活动

俗话说：没有规矩，不成方圆。班级活动的开展，一方面可以培养学生形成良好的思想品质和行为习惯，另一方面可以促进学生身心健康发展，养成健康的生活习惯，从而提高学生自我教育能力。

5. 开展树立理想教育活动

小学阶段是学生人生观、价值观、世界观形成的萌芽时期，及时对学生进行人生观和理想的教育，可以培养学生奋发向上的精神，帮助他们确立志向，增强信心，努力进取。

6. 开展意志能力教育活动

在一些学校或班级中除了课堂教学活动外，其他活动均被置于可有可无的地位。其实，加强学生意志能力的培养也是班级活动的重要内容。远足春游、拔河竞技等活动，都能增强学生的意志力，提高学生的生活能力和身体素质。

二、班级活动目标的制订

班级活动目标是班级活动的出发点和最终归宿。制订班级活动目标不仅可以提供设计班级活动的依据，还能为班级活动的评价提供科学依据，帮助教师评鉴和修正班级活动的过程。所以，班级活动目标不仅制约着班级活动的设计方向，也决定着班级活动的具体步骤、方法和组织形式。同时，有效班级活动目标的制订，也有利于保证教师对班级活动全过程的自觉控制。

班级活动目标的制订一般要处理好以下四个方面的关系。

1. 针对性和整体性的关系

班级活动目标，不仅包括认知方面的目标，也包括能力、情感、过程与方法等方面的目标。而这几方面在班队活动中不是孤立的，对学生的影响是整体性的，学生在班队活动中实现的发展也是整体性的。所以，教师在进行目标设计时既要考虑活动设计的针对性，也要兼顾整体性。比如有一位教导一年级的班主任发现：学生通过将近一年的小学生活，在与人沟通、文明礼貌、遵守规则、集体意识等方面都有了不小的进步。在学校开展的艺术节里，学生自己排练节目，为了动作的协调，一遍又一遍地操练……这其中，学生越来越主动，对教师的依赖越来越少。遇到困难，他们会顾全大局，主动协商，想办法解决。当然，学生的能力也有差异，有的学生在问题面前就显得束手无策。于是班主任设计了"艺术节里的故事"班队活动课。这堂活动课的目标：一是能让学生了解在群体中互相理解、互相帮助的重要性；二是能促进学生产生互相友爱、热爱集体的感情；三是让学生知道遇到困难、遇到挫折要学会求助，学会协商，学会想办法。

2. 具体性和序列性的关系

某一节具体的班队活动设计，都有具体的现实背景和学生发展情况。教师往往会根据当前学生的发展现状及时策划组织相关的班级活动。所以每一次的班级活动都是具体的，目标更是看得见、摸得到的。但作为班主任，应该把握学生的身心发展规律，对不同阶段、不同年龄学生的发展有整体的规划设计。任何一次活动都不是孤立的，任何一次活动的开始都是前一次活动的延续；任何一次活动的结束，都是下一次活动的开始。连点成线，积波成浪，每一次班级活动都应该在整体结构中发挥独特的作用。所以，在制订班级活动目标时，班主任不仅要认真分析本班学生的实际状况，及时把握班级学生的各种动态，而且要细致捕捉教育学生的契机点。比如常州市局前街小学的王奕老师上了很多堂班级活动课，这些班级活动课正反映了一个班集体建设形成中的不同阶段。入学将近一个月了，虽然学生天天在一起上课、活动，但王奕老师发现他们之间的交往并不多，交往的面也很窄。于是设计开展了"认识新同学"的班级活动课。半个学期过去了，在集体生活的熏陶下，学生之间有了相互了解，学会了相互帮助，相处得很融洽。但王老师又发现，由于能力有差异，一些能力较强、外向的学生被关注的机会相对要多些，身上的优点很容易被大家所接受、了解；而一些平时纪律较差、自理能力较弱、学习能力不强的学生很容易被大家所忽视。于是王奕老师策划了"大拇指活动"，帮助学生发现这些学生身上平时没有被大家关注的优点。接下来，通过"我们都很棒"活动课，交流在大"拇指活动"中的收获。一个阶段后，又开展了后续活动——"我们会更棒"，让学生寻找可以通过怎样的努力让自己做得更好的途径。

3. 学生立场和教师立场的关系

班级活动强调以学生为主体。作为班级活动组织者的班主任要看重一个个鲜活的具有潜在发展性的生命个体，并通过班级活动让学生在实践活动中实现真正的发展。所以，在班级活动目标的制订中，学生在班级活动中获得发展是我们追求的根本。但在目标的设计中，教师还需考虑活动目标的适宜性、提供何种适宜的活动方式以及要达到目标所必需的活动条件与活动资源。

4. 预设性和生成性的关系

班级活动目标只是对特定的班级活动起指导作用，大多体现班级活动主体的要求，带有相当程度的自主性和自由度。班级活动目标也是一种策略，可以由教师根据需要加以调整、变更，具有较大的灵活性。在目标设计中，根据学生的发展现状和发展需要，既要有一定的规定性目标，又要根据班级活动灵活规划，让弹性因素进入目标设计。这样，在设计班级活动时，教师就有了面对具体生动的活动的主动思考，就会避免在班级活动中僵硬机械地执行活动设计。

班级活动目标的制订根据不同的内容也有不同的策略。比如有的班主任按照不同的活动类型确立不同的具体目标。如文体活动目标的制订，主要是根据本班情况，结合学校组织的各项文体活动制订的。活动的目标就应由活动的主体——学生自己讨论制订，教师只是给予一定的指导和帮助。例如在学校开展的校艺术节中，学校推出了设计徽标、制作海报、参加童心世界歌唱比赛等众多内容。有的班级的全体学生在班长的带领下，根据学校的活动制订了本班的计划，遵循各项活动的规则，坚持自愿报名、发挥同学特长和责任到人的原则，制订了目标：能在各项活动中展示本班学生自信向上的精神面貌；能在各项活动中展示自己个人的特长；能在各项活动中为班级争光；能在各项活动中学习展示自我的技巧。

"有的"才能"放矢"，明确的目标犹如夜航中的灯塔，给我们引路。这一内驱力既有助于增强集体凝聚力，创设健康、向上的班级氛围；又有助于挖掘学生的个人潜力，锻炼学生各方面的能力，以适应知识经济时代的要求。班级活动能发现人才、锻炼人才，更能使人全面发展。所以，在日常的教育教学过程中，应从学生的需求出发，因时因地地开展一些形式多样的班级活动。当然，班级活动目标管理法在具体实施的过程中应坚持具体问题具体分析的原则，决不能生搬硬套，否则会适得其反。

班级活动过程与方法

　　班级活动的教育性不仅体现在活动内容上，活动过程也是教育性的具体体现。班级活动的整体性通过活动内容、活动形式、活动过程、活动评价等方面的有机融合形成一个系统。就一次活动来说，只有从设计、策划、发动到实施都能全身心投入的学生，才会获得真实的成长。从活动的整体看，班级活动具有指向明确、集中连贯的特点，每一位活动都是一个有机整体。活动之间也应有系统性和连贯性。在这个系统中，每一个活动的结束成为下一个活动的起点，后一个活动巩固、强化了前一个活动的教育。在这样循序渐进的过程中，班级活动的整体教育效应就会逐步得到落实。所以，每一位班主任不仅要了解一次活动展开的基本程序、基本规律，还要关注班级活动开展过程中的资源和价值，追求班级活动过程的整体教育性。作为一个生命共同体，在班级活动过程中，班级活动具有生成性。随着活动的展开，新的问题、新的资源、新的目标会不断形成，班主任就要根据新的发展需要生成新的班级活动。

一、开展班级活动的基本步骤

1. 准备阶段

　　这个阶段，班主任根据学生的发展需要，结合学生普遍关注的热点问题，或学生发展中存在的问题，和学生一起确立活动的主题，制订班级活动的目标。如有的班级为了帮助学生体验自己的进步和成长，确定了"我7岁了"的班级活动主题；有的班主任发现学生在课间10分钟不会安全地做游戏，于是设计了"关注安全，享受快乐"的活动主题。

　　另外，班级活动要有长期的打算。每个班主任可以根据各班的实际状况，设计一个主题。一个学期，可以围绕这个主题开展一系列活动，使主题活动开展的过程有一个宏观、长远的思路。

2. 筹划阶段

　　这个阶段，班主任要根据确立的主题和设定的目标确定班级活动内容，搜集资料，准备设备，选择活动形式，设计具体活动的组织等。班主任要尽可能地了解每一个学生的发展现状，精心预设，为班级活动的开展做好各方面的准备（大到活动方案，小到黑板的布置、音乐的选择、台词的设计等等）。班级活动的方案中要有名称、目的、活动准备、具体内容等，活动准备不是单纯的物质准备，也要有精神上的准备，如社会调查、搜集整理资料、分小组策划、组织节目等，然后再把班级活动过程详细地描述出来。

如常州市局前街小学的王奕老师针对学生进入三年级后，随着交往面的扩大、交往次数的增加、学生之间的矛盾和冲突越来越多的问题，确定了"学会交往"主题和相应目标。根据她的观察和分析，发现学生之间产生冲突和矛盾的原因主要有两方面：一是学生的个性品质、行为习惯、价值取向等存在差异；二是学生缺乏解决矛盾和冲突的方法。最后，她确定了先从第一个方面着手，即从每一个交往个体出发，让他们认识体会到只有自身努力，各方面表现出色一点，才能避免和同学发生不愉快。因此，她以"做一个受人欢迎的人"为主题开一堂班队会，并设计了具体的活动方案，如推出"班级友好交往大使"，借此激发学生友好交往的情感。通过评选颁奖的过程，帮助学生了解怎样的人是受人欢迎的。组织小组讨论，让学生明确知道可以在哪些方面努力。最后，组织大家联系实际辨析导行。

3. 实施阶段

经过充分准备，周密策划，开始进入班级活动实施阶段。在这个过程中，班主任将根据计划开展各种形式的活动，并根据活动开展中的具体情况灵活调整活动方案，使每一个学生在活动中都能得到发展，及时发现学生发展中遇到的新问题。

4. 反思阶段

活动结束时，班主任要组织学生依据亲身感受，对本次活动做出总结，对自己的表现做出客观评价。同时，作为班主任，要对活动主题的确定、内容的选择、形式的设计、活动的组织实施过程做出总结反思，以便进一步改进并为后续活动的开展提供参考。

二、班级活动开展过程中的基本原则

班级活动的主题选择、内容确定、活动开展的方式等都会对班级活动的价值产生重要的影响。所以，在开展班级活动的过程中要坚持以下五点。

1. 活动主题体现针对性

活动的主题是班级活动的灵魂，任何一次班级活动首先必须有一个针对性强的活动主题。各个班级的实际情况不同，班级活动的教育内容也会有所不同。学生对周围环境是很敏感的，也会发表自己的看法。班主任应根据班级实际，把准学生思想和班级舆论这条脉，抓住他们议论的"热点"，选择恰当的活动主题，通过班级活动做出正确引导；同时，班主任要用心关注班级学生在学习生活中的各种现象，认真分析班级现状，抓住与学生的学习、生活密切相关、为多数学生所关注的主要问题，提出带有启迪性的主题，并通过班级活动做出正确引导。"小题大做，步步深入"，通过实践活动，提高认识，加深理解，从而影响学生的行为。要纠正班级主题活动就是编排节目、演节目的错误认识，要以解决实际问题、做好学生的言行导向任务为宗旨。一般一次活动集中解决一个问题，活动开展中的具体内容都要紧扣活动主题。

2. 活动内容体现贴近性

在活动主题确定后，活动内容的选择要贴近学生的生活。只有贴近学生生活，才会激发学生的活动兴趣，并会真正对学生的日常生活产生影响。在一定意义上，选择了合适的活动内容，就是选择了发展的舞台。有一位二年级的班主任发现自己班的学生不会在小组中与同学合作活动，于是设计开展了一次班级主题活动。在这次主题活动中，她选择了学校的环境变化作为小组活动的内容。结果，这次班级主题活动并没有取得较好的效果。因为在各小组汇报成果时，听了几个小组的汇报后，学生都不愿意听了。所以，每一次班级活动的内容不仅要来源于学生的生活，而且要符合学生的兴趣。其实，根据二年级学生的特点，这次主题活动可以是朗诵、讲故事、唱歌等，这样也可以增强小组的凝聚力。

3. 活动组织体现师生合作性

班级活动是学生自己的活动。为此，班主任在发挥教育主导作用的同时，不能否定学生的主体作用。学生拥有强烈的自主意识，如果只是按照教师的要求去做，那么班级活动就失去了培养人、教育人的作用。但在班级活动中，一些班主任过于突出学生的主体地位，为了培养学生的组织能力和自主性，往往将权力下放给班干部，从班级活动的选题、内容到形式，都由学生（多为学生干部）自定，很少过问。这样，虽然学生的能力得到了锻炼，班级活动的质量却难以保证，更谈不上教育人、发展人了。所以，在班级活动中，教师要充分创造条件，提供机会，让学生在承担各项工作中不断加深对自身角色的认识，让学生获得多方面的发展。学生能做的事教师应尽量让他们自己做，但教师"导"的作用却不能丢。假如失去教师的"导"，那么所谓的"自主"只能是放任式的自主了，这与班级活动的初衷相悖。在这个过程中，班主任要尽量让所有学生参与活动的设计和组织，如果在活动中总是那么几个"台柱子"，让大部分学生坐冷板凳，也是难以收到理想效果的。一次成功的主题活动，应当目的明确，有分工，有合作，力量分配合理，使每个人的特长得到发挥。

4. 活动形式体现生动性

心理学家告诉我们，生动新奇的事物最能引起儿童的注意力。在选择了适当的活动内容后，还要选择适当的活动形式。班级活动的形式一般有讨论、比赛、表演、展示等，不同的活动形式有不同的作用。班级中每一个学生都是独特的，所以，面对不同学生，只有丰富的活动形式、新颖巧妙的活动情境，才能让每一个学生的个性得到发展，潜能得到开发。但我们也要避免另一种倾向，即过于注重形式，从而忽视学生自身的体验。成功的班级活动应该是形式与内容的协调统一。如常州市局前街小学开展了"感激教育活动"。围绕"感激父母"这一主题，二年级的王奕老师和五年级的喻一珉老师分别代表低年级段和中高年级段，开展了班级主题活动。王奕老师让孩子们任意选择一天，用心去观察一天中爸爸妈妈都为自己做了哪些事，并把它们记录下来。让学生通过平时生活中许多琐碎的、不被关注的小事，来感受父母对自己无微不至的关心。由体验而产生深深地感动，并通过制作感激卡的方式来引导学生感受父母的爱，懂得去关爱父母。喻一珉老师则精心策划了"530计划"，让学生在清晨5:30起床，悄悄为父母做一顿早餐。课堂上，学生真实地叙述了自己计划实行的情况，谈了自己真切的感受。他们中，有的成功了，有的失败了，但他们都真实经历了。喻一珉老师还邀请家长参与了交流。课堂上，家长和学生真情面对面，让"感激教育活动"通过具体的生活事件永驻在师生和家长的心间。

5. 活动过程强调活动性

过去的班级活动中，教师往往充当唯一的主体。班级活动中，只是教师灌输，学生听；教师操纵一切，主宰一切，学生只是被动接受。这样使得不少学生虽然表面接受，但是行动上却只是应付，内心深处是厌烦、抵触，班级活动的实效性不大。

班级活动过程应该是学生真实的生命历程，学生应该在真实的实践活动中感受、体验并得到认识的提升、能力的提高、情感的升华、方法的获得……从而在新的实践活动中不断得到成长。所以，在组织班级活动的过程中，教师要始终注意让学生在真实的活动情境中，通过感受、比较、辨别、思考与分析，达到成长的目的。

综上所述，组织好一次成功的班级活动，需要班主任从主题的选择、内容和形式的确定以及活动组织的准备等方面下工夫。

班级活动中的教师和学生

对班级性质的不同认识决定了班级活动中的师生角色定位和班级活动功能的定位。教师在班级管理中扮演什么样的角色，履行怎样的职责，对班级的教育功能效果起着决定性的作用。班级活动是生命共同体、学习共同体和发展共同体的班级的特性，呼唤教师在班级活动中向育人的特殊性和艺术性角色的回归，呼唤学生向主动性、生命性的角色回归。

一、班级活动中的师生关系

班级活动是在班主任指导下，由学生自己组织的为实现班级教育目标而举行的各种教育活动。它既是向学生进行思想道德教育的基本形式，又是促进学生全面发展的重要途径，更是班主任组织与建设学生集体、通过集体来教育和影响学生成长的重要形式。班级活动中的师生关系与教学活动中的师生关系相比，有以下特点：

1. 班级活动中的师生双方有互动但不"双边共时"

教学是教师教与学生学的统一，这种统一的实质就是师生之间的互动、沟通及共同发展。没有师生互动，没有师生交往，就不存在或未发生教学。叶澜教授提出，教育活动由师生双方共同参与。教与学虽由不同的主体承担，但他们处于同一教育活动中，两类活动在时间上具有共时性。而在班级活动中没有明显的师生依存关系。班级活动的教育性和整体性，更要求教师对学生的影响弥散在每一次活动的整个过程中，弥散在整个活动序列的过程中。

2. 班级活动中的师生双方有互动但不是双主体

在教学活动中，教师通过解读教材、分析学情、设计并组织实施教学活动。但是，在班级活动中，活动的主体是学生。学生从确定主题开始，在整个过程中通过主体参与，通过真实的活动体验和活动经历实现成长。教师可以根据班级学生的发展现状提出建议，可以帮助学生修改制订的方案，并及时引导活动的价值导向，但教师作为引导者，不能替代学生活动参与的主体身份。教师应更多地作为引导者、帮助者出现在班级活动中。教师的作用往往在活动前或活动后表现得更明显。

二、班级活动中的教师角色

在班级活动中，教师要自觉地转变教育观念，更新教育行为，努力克服两种现象：一是"越俎代庖"，完全按照自己的意志包办一切，有明显的控制欲；二是"放任自流"，由着学生的想法开展活动。教师要重新认识班级活动的功能，不再作为班级活动的主宰，将事先设计的活动过程简单地告诉学生，让学生按部就班地操作、表演，而是与学生共同发展，共同提升，在实践中体验，在实践中成长。教师要成为班级活动的策划者、引导者和体验者。

1. 教师是足智多谋的策划者

教师要把握班级活动的内涵，有目的、有重点、有针对性地开展实践活动，引导学生正确认识人的生命，理解生活的真正意义，养成良好的行为习惯，提高思想道德修养。作为策划者，教师的着眼点要高、立足点要低，多倾听，多留心，把社会需求、学校要求化为学生自己实践的结果，使学生在参与班级活动中实现集体教育和自我教育。

（1）多倾听，巧发现，寻找立足现状的真实问题。

学会倾听不仅是教师尊重学生的基本表现，而且很大程度上会影响学生参与活动的积极性和教育活动的实效性。平时，教师要通过与学生沟通，关注他们的思想动态，关注他们的情感变化。尤其是当班内产生一些不协调现象时，更要走进学生的生活，倾听他们的诉说，因为这或许正是教师打开工作新局面的好时机。

这里有一个案例：六年级某班，学生面对升学压力，个个憋着劲埋头学习，呈现出你追我赶、不甘示弱的景象。在一次偶然的机会中，班主任于老师敏锐地发现学生这种竞争背后的嫉妒、自私、狭隘的心理，便精心策划了历时两个月的班队系列活动——"快乐大家庭，同在蓝天下"。而这个班级活动的主题正是教师善于倾听、善于发现的结果。

（2）多留心，巧营建，捕捉有价值的活动主题。

学生的生活具有丰富性、多变性和复杂性。教师要有敏锐的洞察能力，从学生的犹豫、紧张、欲言又止的表情中，从学生习作流露出的真情实感中，感受学生的心灵需求，只有对真实问题进行深入剖析，才能抓住问题的症结，形成有价值的活动主题。

（3）多思考，巧构思，谋划活动方案。

班级活动中离不开教师立体、多元、综合的思考。教师要善于启发诱导，巧妙构思。一个有目标、有计划、贴近学生生活且形式活泼的活动方案，一定能调动学生的内在积极性，为学生创造广阔的锻炼空间。例如一开始小队制订活动方案都是千篇一律的——成绩优秀的学生利用课间、午间帮助同学订正作业、督促背书，目标都是指向帮助同学提高学习成绩。于老师面对八份雷同、没有创意的方案，不动声色地请学生搞调查：小伙伴们需要哪些方面的帮助。学生们一调查，立即拓展了活动内容：有愿当"知心朋友"帮助同学重拾信心的，有愿当"教练"教同学踢足球的……接着于老师召集小队长谈想法，提建议。大家献计献策，终于拿出了比较完善的活动方案。

（4）多放手，巧组织，自主开展实践活动。

班级活动中，班主任要大胆放手，让学生开展丰富多彩的实践活动，可以进行调查、借阅资料、讨论辨析、文娱表演、谈心，甚至外出活动等。班主任指导学生制订详细方案，根据小组分工自主开展实践活动，让他们充分发挥自己的创造潜能，解决实践中遇到的各种问题，同时要求他们记下心得随记。学生们有了自主权，就一定会有真切、丰富而独特的感受。

教师结合学生的身心特点和思想状况，做好调查研究，对一学期的班级活动有总的规划，最后对每一次活动也要有一个具体计划，以达到较好的教育效果。因此，如果教师是足智多谋的策划者，定能让班级活动成为学生成长的导航仪。

2. 教师是充满智慧的引导者

学生们在活动中往往会碰到各种困难，班主任要考虑到可能出现的"盲点"，及时为他们设置"路标"，组织交流活动共同研究，促进学生的自我教育，让学生真正获得发展。

班主任引导者的角色体现在班级活动的每一个环节中。班级活动前，教师要与学生一起讨论活动设想，以激发学生参与活动的内部动机。要及时检查每项工作的落实情况，了解学生承担任务时有何困难，同时善于化解学生的焦虑感。活动中要引导学生推进活动进程，注意发展学生的个性，及时调整方案，凸显活动主题。班级活动结束后，教师要让学生总结活动的收获，肯定成绩，也找出差距，让本次活动成为学生成长过程中的一个小小台阶，以扩大教育效果。

在前面提到的"快乐大家庭，同在蓝天下"班级活动进入总结阶段时，学生们不知如何进行活动成果汇报。于老师说："你们可以去了解编一本书的过程，然后仔细阅读体验随记，商讨一下怎么办。"一个星期后，在于老师的讲台上出现了这样一份方案：

书名：快乐大家庭，同在蓝天下。

第一单元：课题方案（中队长和于老师共同完成）。

第二单元：温暖的摇篮（八个小队的简介）。

第三单元：于老师画像（感兴趣的同学画，择优录用）。

第四单元：爱心港湾（帮困小组开展活动的过程）。

第五单元：温馨茶座（帮困小组成员的内心感受）。

第六单元：丝丝心语（帮困对象的心声）。

第七单元：秋日的果实（活动总结，把五大解决困难的对策写进去）。

捧着这样一份活动展示方案，我们每一位教师都能感受到学生无穷的创造能力。成功的班级活动往往会在学生的记忆深处留下深刻的印象，甚至让学生铭记一生，回味一生。我们教师就要扮演好引导者的角色，让班级活动成为锻炼学生的"运动场"，让班级永远充满生机与活力，促进学生主动健康地发展。

3. 教师是实实在在的体验者

一直以来，教师总是以操纵者的身份出现在活动中，除了烦心就是操心，但如果作为活动的成员与学生一起经历全过程时，将获得深切的体验，产生积极的情感，体验到生命的价值。同时，由于有了教师的平等参与，学生的积极性会更高，活动的实效性会更强。

有时，问题的综合性和复杂性超过教师擅长的学科领域，这时就会激起教师不断学习的动力。上面谈到的案例中，学生们在制作活动成果汇报册子时，把文字、图画全部输入电脑后，请求教师帮助他们排版。于老师想用原来排版的办法，可是既费力又不美观，于是就和学生一起向电教教师请教，学会了"大纲排版法"，一本16页的小册子很快就排好了，既漂亮又快捷。在共同学习、共同体验的过程中，班主任不仅锻炼了自身分析问题和解决问题的能力，磨炼了自身面对困难的韧性和意志力，增强了个人亲和力，还体验到了友谊，体验到了成功，体验到了爱与被爱。应当说，这是一种立体的、全方位的呈辐射状的体验。

三、班级活动中的学生角色

传统的班级活动中，班主任样样事情亲历亲为，往往筋疲力尽但收效甚微。即使下放权力，也只是给班级中少数能力较强的班干部，而大多数学生只能充当"木偶"。这样的结果是，学生缺乏班级主人的角色意识，游离于班级活动之外，既无聪明才智的展现，也无真实情感的投入，更谈不上对学生的心灵有所触动。因此，只有确立学生的主人翁地位，让学生按照自己的思想进行活动，才能提高班级活动的质量，体味班级生活的乐趣，满足精神需求。我们在班级活动中可以从以下三个方面去做。

1. 敢于大胆放手，让学生成为活动决策的设计者

学生渴望得到别人的信任，希望在班级活动中大显身手，总愿意自己去讲一讲、演一演、做一做。教师对学生要充分放手，充分信任，无论是主题选择、方案制订，还是组织分工、活动开展，都要让每一个学生参与设计，使学生了解班级活动的全过程，体验各种不同的角色，让每一个学生都获得不同程度的发展和提高。如果能充分发动学生共同参与到计划的制订中，不但能集思广益，使计划更切合实际、更周密、更可行，而且能增强学生的自主意识和执行计划的自觉性。制订计划前，要让学生了解当前学校的要求，并引导学生自己分析班队实际，全面准确地把握班情、队情。在明确工作目标之后要确定工作重点和主要措施，可以先让学生讨论、提建议，教师给予适当引导，在此基础上确定最终方案。

2. 优化活动样式，让学生成为活动开展的主动者

开展班级活动，不仅要让学生从中受到教育，还要提高学生各方面的能力。学生只有通过自己组织、实施班级活动，才能有多方面的体验，提高创新意识和创新能力，从而使主体性创造人格得以完善。也只有让学生在班级活动中找到合适的角色，感受到自己是集体中不可缺少的一员，才能使他们充分施展自己的才能，贡献自己的力量。关于活动样式现举例如下。

——"面对面"对话会。每周师生都要面对面提意见，谈想法。学生对教师的教育态度、课堂教学、作业布置等情况提出建议。教师对学生思想言行、文明礼仪、安全卫生、学习生活等方面提出要求和看法。然后，通过商讨、辩论、交流、短小书信等方式架起师生之间的桥梁，共同构建平等友爱、尊重理解的师生关系。这样的班级活动能够增强学生的自主意识和主人翁意识。

——AB 学生班委会。为了建设富有战斗力、具有创新精神的班干部队伍，我们可以引进双班委这种干部竞争机制。每组工作一个月，两个月后进行民意测验。除了比一比班干部工作是否有实效，是否起带头作用以外，还要比哪组工作有特色，有创新，受学生的喜爱。在良性竞争中把班级工作开展得生气勃勃。

——值周班长制。让学生轮流当"值周班长"，全权负责本班一周的事务。值周班长要填好班级情况汇报表，每周发表自己当班长的感言，给学生

搭建自我管理、施展才能的舞台，以提高学生自主、自理的能力。

——"小灵通"欢乐营。教师带领学生开展丰富多彩的综合实践活动。"环保 Go，Go，Go"、"小编辑之岛"、"鸡蛋撞地球"、"书海拾贝"、"小小辩手"、……让学生在快乐中活动，在活动中实践，在实践中学习，在学习中成长。

——"小能人"亮相会。班级定期进行献艺会，学生根据自己的特长爱好轮流上台，大显身手，展示自己的才能。

3. 改革评价方式，让学生成为活动评价的受益者

学生是班级活动最直接的参与者，每个学生都有成功的体验或失败的教训。班主任要引导学生正确思考，使他们认识到成功既来自自己的努力，也来自他人的协助，一个人的力量是有限的，要靠大家的支持；失败并不是可怕的，我们要正视现实，鼓起勇气，寻找失败的原因，重新扬起前进的风帆。在整个班级活动过程中，教师要运用多种评价来提升活动的效应，让学生成为活动评价的受益者。

一是正面评价为主。不管采取什么方式对活动的过程、结果进行评价，应该坚持的原则就是正面引导，积极鼓励。对学生在活动中表现出的闪光点要及时发现并给予表扬。如果这个原则坚持得好，不但可以营造一个良好、宽松的活动环境，引导大部分学生积极参与活动，而且还能对后进生的转化起到积极作用。

二是评价内容多样化。在班级活动中学生是否认真参与，是否能很好地承担所分配的任务以及活动状态等，应是对学生进行评价的主要方面；同时，学生的思想认识水平，学生在活动中的合作精神，学生创新精神和实践能力的发展状况等，也是评价的内容。这种多元化的评价内容，能让学生受益匪浅。

三是评价主体、评价方式多元化。评价主体不仅有教师，还包括学生、家长和社区里其他一些相关人员。评价方式有自评、小组间的互评、教师评、家长评和社区评等。建立互评制度，师生互评、干部与学生互评、学生与学生互评等，让学生懂得相互评价是手段，互相提醒、帮助、共同进步才是目的，从而获得进一步发展和提高的内在动力。

在班级活动中，学生作为主体参与，唤醒和强化了学生的自我发展需要，使每个学生真正走向自我素质的完善。实践证明，在班级活动中，正确把握教师和学生的角色，将会极大地提高班级活动的效果。

相关案例

玩卡的故事

开学后不久，我们班刮起了玩卡风。一开始只是几个学生带来一小叠"神奇宝贝"卡聚在一起玩。后来，玩卡的人越来越多，手中的卡也越来越多。有几次我发现下课铃还未响，已有学生把手伸进抽屉掏卡了。我一直在密切注视着情况的发展态势。

终于，在一节体育课上，许多学生因为玩卡而不愿跑步，令体育教师十分生气。中午，我走进教室准备询问情况时，看见许多学生置午餐于一边，专注于换卡，我十分生气，当即收掉了学生的卡。

下午，在翻阅学生的《成长的脚印》时，我看到了学生对我的这一举动的疑惑、不满，甚至怨恨：为什么要收掉我好不容易积攒起来的心肝宝贝？我陷入了沉思：学生对"收卡"事件直截了当地表露自己的想法，就是希望教师还给他们一个充分、合理的理由，而不是一个强硬的规定。这是学生成长的需求，现在我采取"堵"的方式，也许会收到立竿见影的效果，但不能治本，只有"导"才是标本兼治的真正法宝。

于是，我捧着收到的一塑料袋的卡走进教室，微笑着说："这是老师从同学们那里收到的卡，这么多张卡说明同学们很喜欢玩卡。喜欢总是有理由的，请大家说说玩卡有哪些好处？"学生一听，眼里闪着亮光，争着回答："上面的图案很漂亮，我很喜欢；大家在一起玩卡，能增进友谊，让自己获得快乐；玩卡也要动脑筋，看到自己的卡越集越多，有一种成就感。"我接着问："下面也请大家谈谈玩卡带来了哪些坏处？"学生略一迟疑，随即也说玩卡容易分心，没有时间观念，分不清上下课；为了搜集到更多的卡，同学们就乱花零用钱，还助长了攀比现象；玩卡玩疯了，让教师、家长操心；玩卡还很不卫生。最后，中队长还总结了大家的发言：玩卡让我们花了钱，分了心，伤了情，丧了志。

我继续发问："你认为应不应该玩卡呢？"一位学生说："虽然玩卡有一些益处，但比起害处来说，还是利少弊多，我们不应该玩。"话音刚落，另一位玩卡积极分子站起来振振有词地反驳道："我认为不是从利多还是弊多来判断该不该玩卡，而是应该注意玩卡要分寸有度。"我又惊又喜，连忙追问道："那么，怎样才能做到玩卡有节制呢？"学生围绕这个问题展开了热烈地讨论，最后学生认为只要做到什么时间做什么事，不影响别人和自己的学习、生活、休息，就能做到分寸有度。当我把卡还给学生时，教室里响起了经久不息的掌声，有的学生领完卡后还向我深深地鞠了一躬。

如果希望一堂课就能达成我们的目标，那么教育就不是一件难事了，班主任工作就不会充满那么多的挑战。这堂课是星期三上的，星期四到星期五两天中，学生确实发生了变化，吃饭时没人玩了，躺在地上玩的人少了，继续买新卡的人少了。可过了双休日，玩卡的人又多了起来，且都兴致很浓，为玩卡造成的纠纷也多了起来，甚至有的学生玩卡影响了作业的质量。

当时正面临期中考试，全班语、数、外的单元考试成绩都不理想，任课教师和家长几次建议我把卡收掉，我坚持没有收。因为我在比较，前后两次掀起的"玩卡"风有哪些不同，比如说原先的骨干学生玩卡有节制，而且玩出了新意，玩出了友谊；午餐和上课期间没有人玩卡；同学间发生的纠纷都自己解决了，没有发生打架事件。从这些现象分析，应该说那堂课效果还是明显的。我原本就不期望一次就能解决这个问题，因此，我在耐心等待。

期中考试前两天，学生收起卡片自觉地投入了复习工作，超水平发挥的成绩令任课教师刮目相看。更没想到的是，期中考试过后，班里并没有掀起"第三波玩卡风"，学生井然有序地玩着卡。没有教师、家长甚至学生因"卡"再来告状了。

案例点评

教师抛弃传统的绝对权威的形象，以倾听者、对话者的角色，为学生创设一种宽松、民主的氛围，提高学生在班级活动中的自主性和参与程度。以往我们都是用警告、禁止等方式简单地处理此类事件，现在我们以讨论、争辩、对话等方式进行引导，教育的痕迹淡化了，但教育的效果增强了。通过讨论课增强学生对"玩卡"这一事件的认识，学生从"懵懂"到"清晰"，不仅消除了对教师的怨气，还理解了教师为什么要暂时收掉卡，认识到玩卡也要有节制，也要有时间观念，不能影响自己和他人的学习生活，从而很好地培养了学生分析问题与解决问题的能力，发展了学生辩证看待事物的能力。

教师在班级活动中不是简单地严格限制，而是充分信任学生，积极引导学生，着眼于以丰富统一的方式，去实现主动健康的发展。如果我们的教育仅仅是解决了由"懵懂"到"清晰"的过程，那么学生如果再身处令自己兴奋的情景，依然会很快忘记已接受的道理、规则等；而如果学生有了内心的体悟，再去违背已有的处世之理，就有了屏障，有了保护力。这就是学生道德成长的第二个过程：由"清晰"到"体悟"。

我们帮助学生解决了认识玩卡的问题，仍然要将学生引向"有卡可玩"的生活世界，回归到具体实践中。我们给学生提供的成长空间越真实、宽广、自然，获得的教育效果就越好。允许学生继续玩卡，既让教师及时地、充分地了解学生的实际情况，为进一步指导提供可能性，又让学生通过实践达到知情意行的统一，促使其自我反思，自我提高。这就是道德成长的第三个过程：由"体悟"到"实践"。

我们坚信，学生通过这样的"懵懂——清晰——体悟——实践"的过程，一定会增强自身克服困难的勇气，提高控制欲望、把握时间的意志力，从而加速学生社会化发展的进程。值得一提的是，下次再遇到类似的打游戏机、追星等事情，他们会比别的学生、比原有的自己更有经验，更会约束自己。因为他们经历了，成长了。

第六章

班级活动的规划与方案设计

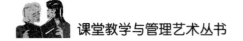

班级活动规划的制订

班级活动规划的制订必须是在对班级充分调查研究的基础上，由教师和学生共同展开。班级活动规划一般以一学年为制订周期。一般来说，其制订要以学校教育活动计划、班级自身建设需要以及学生的年龄特点和发展需要为依据。

一、班级活动规划制订的依据

1. 依据未来社会对新一代的素质要求

教育的本质在于立人，班级活动也是为立人服务的。我们需要明确，我们要"立"的"人"应该是能够适应当今和未来社会生活的人，而不是仅仅满足于适应校园生活的"人"。"叶澜教授的新基础教育"指出未来新人精神素质的"三维双向目标"。"三维"是指对个体精神生命发展具有基础性价值的，人之认知能力、道德品性、人格特征。"双向"是指三维中的每一维都包含着个体行为上两个相反的指向：一是个体指向外部世界的相互作用；一是个体指向内部精神世界的自我建构。

而学校发展规划对学生素质标准的描述也是基于学校的立场对社会培养标准的校本化诠释，因此教师在制订班级活动规划时可以积极地借鉴学校的培养目标。例如：某小学在《学校五年发展规划》中指出：培养"有较强的学习兴趣和求知欲，有良好的自信心和成功感，有高雅的教养和高尚的道德表现，有文明的生活习惯和健康身体的'四有儿童'"围绕这一培养目标，学校以"主体性道德人格的培育"为德育改革和研究主题，大力弘扬"新秋白精神"，在优秀民族道德传统与现代主流道德价值的结合上开展探索性实践。学校还把"负责"作为一个时期的核心德育目标之一，初步形成了"自尊自主、关心他人、遵守纪律和美化环境"四个系列的年级德育目标、内容和实施体系，按照螺旋式上升的要求组织教与学。

2. 依据班级情况分析和班级建设的需要

班级发展状态是直接影响学生生命成长的关键性因素。因此，在规划班级活动之前，教师必须静下心来分析一下班级的发展状态。出现了哪些新的问题，取得了哪些新的进步，甚至包括让本年级学生就存在的共性问题思考其出现的根源，做出正确的诊断，根据问题设计自己班级整体的活动，并在系列活动中不断地根据学生的状态调整自己的方案。这样，班级活动才会在动态中不断前进，也才会在前进中出现新的推动阶段工作的资源。同时，学校发展规划是相当一段时期以内学校建设的总蓝图。班级活动应在规划时主动与学校德育活动相融合，体现班级活动的系统性和独特性。

例如，某校教师这样分析自己的班级：整个班级的学生大体上性格活泼好动，个人表现欲望很强，但只要是学校组织的团体竞赛项目或是活动，班级总是不能获胜。学生们的荣誉感、表现欲也只停留在自己身上，很少关心班集体，一些比较优秀的学生也很少关心其他弱势的群体。而二年级是一个很特殊的年段，学生们经过了一年级以后，已经逐步适应了小学的生活。他们所遇到的又是一个新的成长问题，也就是如何在集体中与同学们团结合作，共同维护班级荣誉。

经过了这些细致科学的分析以后，根据班级的这些情况以及二年级这个年段学生的共性问题，这位教师觉得最适合开展以小队为单位的活动。学生们组建了三个小队，为自己的小队起了队名，有了各小队的队歌。自从组建了小队以后，班级开展了以小队为单位的各种评比活动。从这时起，班级的评价机制开始打破了个体为主的评价，加入了集体评价机制。有每天日常的"传本子比赛"、"劳动比赛"、"卫生比赛"，每天根据各小队的得分情况在小队评比栏中贴上"笑脸"、"平脸"和"哭脸"，一个星期中得到笑脸最多的小队就是优胜小队，给予这个小队的全体队员相应的奖励。各小队的学生都积极地参加了小队的活动，并在活动中发挥自己的作用。

3. 依据班级学生年龄和发展需要

著名美国心理学家马斯洛（Maslow A.）的人类需要层级理论指出，人类有五种基本需要，依次为生理需要、安全需要、归属和爱的需要、尊重需要和自我实现需要。如果生理需要不能获得必要的满足，则无法去追求或关注其他的需要。在各种需要逐次获得满足的历程中，个人的天赋潜能才得以开展，自我理想与抱负才能终获实现。因此，班级活动的规划须从了解学生的年龄特征、成长需要着手。在了解学生的基本需要之外，更重要的是确定学生是班级活动的主体，教育的对象是一个个活生生的人，让拥有个性特征的学生参与到班级活动的规划过程中去，尊重个体在活动中的发展，这样才能让设计出来的班级活动真正促进学生发展。学生在不同的年龄段有不同的群体特征，有不同的发展需要，教师要站在生命的高度整体把握。

二、班级活动规划的内容

班级活动规划在制订的时候就要梳理对一段时间内班级活动的认识，包括现状和追因，然后生成总的活动主题，以及对活动开展以后，学生和班级发展状态理想愿景的描述。规划的达成必须依赖系列活动的推进，因此在总主题产生以后，应该细化为若干分主题，并预先想好相应弹性化的活动方案，例如采取怎样的活动形式，以及活动效果的评价、活动正常进行的保障等。

具体说来，一份完整的班级活动规划大致包括以下六个方面的主要内容。

1. 班级情况分析

分析班级的自然状况和发展状况，从活动的视角审视学生的优势和不足，根据学生的年龄特点提出活动的实际需要和可能达到的效果。在对班级情况进行分析时，要弄清学生在以往的班级生活中已经开展了哪些活动，效果如何，从而为新的班级规划提供必要的现实支撑。

2. 班级活动目标

可以分为总体目标和具体目标来加以思考。总体目标从学生发展、班集体建设两个方面进行总体规划；具体目标可以从班风建设、品德教育、日常规范、艺体教育、科技教育、能力培养等方面进行具体设计。目标的设计要考虑学校教育活动的目标要求、学生的发展需要、班级的建设需要，实现三者的有机整合。

3. 班级活动的内容

班级活动内容要从日常活动、主题教育活动、科技教育活动、社会实践活动、艺体活动、心理健康教育活动等具体类别上加以设计，提出每一类型活动的具体次数和活动内容，形成较为科学和全面的内容框架。内容的选择要发挥学生的积极性和创造性，通过广泛的学生讨论、师生对话进行选择和确立，切忌教师想当然、一言堂。

4. 班级活动的具体安排

针对已确定的活动内容，根据学校的统一计划和班级的具体情况，大致规划每次活动的时间、地点和具体要求。活动安排要明确每次具体活动的负责教师、负责班委，明确要做具体的准备工作，明确每个学生具体的活动任务。尤其要突出活动资源的开发与使用，在此基础上形成活动安排表。

5. 班级活动的组织与管理

班级活动的组织与管理涉及到社区、家庭、学校、相关教师和全体学生，所以活动规划要做周密地考虑。在社区中开展的活动要明确有关单位的联系人，涉及到家长的活动要事先明确告诉家长，对于教师的安排要提前请示学校和有关当事人。对于活动过程的管理要充分发挥班委会的作用，通过有效的组织建设努力实现学生的自我管理。

6. 班级活动的成果展示

活动的成果展示实质上是引导学生在活动中进行自我反思、自我评价和自主体验。活动成果展示包括每一次活动的成果展示、每一类型活动的成果展示、一学期活动成果展示等。具体的展示形式可以是经验报告会、活动小报展览、活动日记交流等，可根据具体的活动内容进行具体的设计。

三、班级活动规划的步骤

1. 通过调查研究，确定学生发展需求

教育"要贴近学生的生活，要研究学生，了解当代儿童的生存状态"。班级活动更要从对学生的调查入手，将学生成长和发展的现有状态及问题、将班级的现有状态作为工作的起点，通过调查、访谈、观察等方式，明确班级的群体特征、存在的问题，并形成对班级中学生发展状态的分布、影响因素结构的认识，认真分析班级生活对学生成长的影响，主动进行班级活动的改革。如上海某小学开展的"顶呱呱餐厅"、"博士蛙形象工程"等活动规划的制订都是经过了这么几个步骤：班主任了解学生的思想、生活、劳动、学习和行为等各方面的情况；与学生个别谈心，召开干部会议、学生座谈会；了解熟悉小干部、特殊学生及班级集体情况；开展首次班级活动"跨入中年级我在想……"、"我班的形象大使应该是怎样的"。通过这样的深入了解过程，教师明确了学生的生存状态，遵循学生的年龄、心理特点，从关注他们生命成长的需求出发，制订班级活动规划。

2. 发动学生，共同参与制订具体班级活动规划

班级活动应以满足和提升学生的成长、发展需要为核心主题。根据儿童和青少年成长阶段性问题与特征的明显存在，活动指导者可以用纵向的年级系列和横向的年度系列来规划班级活动。如果离开了这一核心主题，就会失去教育价值的根基。

明确核心主题后，重要的是进一步研究这一核心主题，学生在学校生活中所涉及到的领域。只有明确了领域，才可能形成年度系列，进而发展为年级系列。为此，必须研究学生的成长状态、发展可能与成长需要。对指导者来说，就要真正眼睛向下，把研究学生作为选择班级活动主题的最重要的和经常性的策略，养成在学校各种情境中研究学生的习惯与能力。

班级活动的主人是学生，班级活动要发挥每一个学生的主动性，让每个学生在自主活动中培养自我教育的能力。如某教师在暑期里冥思苦想，精心设计了一份班级工作规划，一开学，他就得意地在班里宣布："今年，我们要搞许多有意义的班队活动，组织小义工、服务队……"谁知学生却无动于衷。因为这个班的学生缺乏的不是劳动观念，而是自信。他们连校运动会都不敢报名，总认为自己这不行、那不行。针对这种情况，教师就让学生自己重新制订目标和规划，自己创作班歌，结果学生把他们喜欢的"小青蛙顶呱呱"作为班级口号，从而激发起敢于竞争、敢于挑战自我的自信心，向着他们自己提出的目标，以"小青蛙，用力跳一跳"的劲头一步一步去努力，班级面貌很快有所改变。

3. 以学生的成长需要为主线策划各阶段的班级活动

首先，将班级活动作为促进学生成长的一个台阶，注重系列化。

班级活动是一条动态的轨迹，"以学生成长为主线"，可以从整体着眼，从小处着手，针对目标进行分阶段的系列活动，通过实事求是的评价激励，引导学生把理念落实到行动上，使他们更加健康地成长。利用素质教育社会实践，在实践中促进学生基本道德素养的养成。

这种系列活动必须要考虑"天时、地利、人和"，就是根据本学期所面临的形势和各种节日、班级当前存在的问题、学生的年龄特点与认知行为水平以及学生关注的热点话题来开展有利于学生成长的班级活动。

其次，将班级活动作为促进学生成长的一个平台，注意整体化。

每一次班级活动都是一个个相对静止的点迹。"以学生成长为主线"，从个体出发，求集体发展，努力扩展活动的辐射度，提高活动的有效度。要顾及到生命整体的各个层次与方面，使教育成为对整个人的健全教育，而不是只关注某一方面发展的畸形教育，这是教育取得真实成效的基本保证。班级活动不仅是解决问题的钥匙，更是学生成长的平台，使他们知道做人与做学问的道理，树立正确的人生观和价值观。通过班级活动，不仅要让个体进步，更要让整个集体得到成长。如某校学生在校园中开办了一家销售学生文具用品的商店，并以商店经营为载体，开展了一系列体验活动。活动的起因是学生有时会忘带学习用品，经常到校门口的小摊上去购买，使得校门口拥挤不堪，并影响到学生的健康。为此，他们以"红领巾提案"的形式向学校领导反映，提出了创建商店的倡议，真正从学生需求入手开展活动。同时，学生与活动指导教师一起从整体上规划了活动过程，包括策划组织、筹集资金、创办、进货、经营、结算等。进货小组经常利用星期天的时间，在教师或家长的陪同下，货比三家，讨价还价，一切从全校同学的实际需要出发，合理安排，从而使各方面的能力得到了切实地提高；宣传小组用谈感受、说相声、表决心等形式介绍了商店的服务宗旨、商品信息、质量、价格、进货渠道、营业时间等，雄心勃勃地表示一定要把商店办好，全心全意为同学们服务；销售小组负责全天热情的销售活动……在活动中，学生们学会了关注社会、关注生活，获得了亲身参与实践的机会和丰富经验，培养了对自然的关爱和对社会、对自我的责任感，并能主动发现问题，独立解决问题，养成自主、合作、分享、积极进取、诚信等良好的个性品质。

四、班级活动规划的调整

任何一个班级活动都是"策划"与"生成"的矛盾统一体，不能简单地认为，有了一个精心策划的活动方案，活动就一定能取得成功。精心规划形成的活动方案，并非写出师生参与活动过程中要说的每一句话，要做的每一件事，而应该是一个弹性化的活动规划。要为学生的主动参与留出时间与空间，为活动过程的动态生成创设条件。因为在活动进行阶段，常常会发生一些策划时没有预见的困难、问题、干扰，甚至是与预计效果相反的负效应。这就要求指导者能敏锐地捕捉活动的反馈信息，使它们生成为新的教育资源，灵活机智地予以引导和处理，适时修正原先的活动规划，展现班级活动的真实性。只有这样，才能促进班级活动水平的不断提高。

相关案例

我爱我班
——四年级第一学期班级活动规划

一、主题的确立

对于四年级的学生来说，班级是他们再熟悉不过的地方了。面对美丽、整洁、温馨的集体，学生发现了许多问题，引起了他们对这些问题的思考，激发了他们的兴趣和强烈的求知欲望。有的学生说："老师，我们班的有些同学经常管不住自己，以至于影响了其他同学，我们应想办法帮助他们改正不足。"有的学生说："老师，我们的教室比较干净，可我们发现垃圾桶的周围常有少量的纸屑，多不美观呀！"……大家七嘴八舌，纷纷展开讨论。经过学生们的反复商量，最后确定以"我爱我班"作为本学期班级活动的主题。

开展以"我爱我班"为主题的班级活动，也结合了学校开展的以"爱"为主题的活动，培养学生热爱自己的班集体，珍惜班级荣誉的班级责任感。

二、活动目标

为体现班级活动的根本价值追求和学生发展需求，我们初步制订了活动的具体目标。

（1）了解班级有关知识和现象，提出自己的看法，并能不断地通过全班同学的努力改善班级生活的环境与纪律情况，制订班级公约，改善班级生活状态。

（2）热爱班集体，热爱校园，关注他人和集体的发展变化，养成一定的班级主人翁意识，增强责任感。

（3）获得与他人交往、合作的快乐体验。

（4）学会做自我展示的规划，发展自我管理、自我评价的能力。

三、活动方式

以活动为主要形式，强调学生的亲身经历。要求学生积极参与到各种活动中去，体现学生活动的自主性、实践性，引导学生开展丰富多彩的活动。

经过学生的热烈讨论和教师的引导，最终选择了如下的活动方式：调查、考察、搜集资料、访问、制作、竞赛、总结、交流等。

四、自愿组成小组分工

学生根据已有的知识积累和学生生活经验，通过反复思考和讨论，围绕活动主题，自愿组成四个小组并确定了本组活动的重点。

第一组名称：金鹰队。研究的重点：我们的学习。

第二组名称：春蕾队。研究的重点：我们的环境。

第三组名称：智慧队。研究的重点：我们的消费。

第四组名称：永胜队。研究的重点：我们的纪律。

五、活动准备

教师、家长给予学生一定的指导和帮助，如提供部分资料；学生自备活动中所需的材料和工具；师生共同制订几种表格。

六、活动时间

9 月—12 月

七、活动步骤

步骤	活动目标	活动内容	活动负责人
1	初步确立主题，明确各组活动内容	讨论活动主题"我们研究什么"，自愿分组，小组分工。	班主任
2	初步掌握资料的搜集、整理、归类，明确班级奋斗目标，加强小组凝聚力。	指导学生填写研究规划，讨论档案袋的设计，存放资料，归类等。初步确立班级奋斗目标，制作"我们的风采"展示图。	班主任
3	在明确小组活动方向的基础上，初步查找相关资料，寻找班级存在的差距。	通过网络、书籍、报刊，查阅相关活动的重点内容，并针对班级情况找出需要努力的方向，做好整理小结工作。	班长
4	小组交流研究成果，制订班级公约，设置小岗位。	交流研究成果，增加信息量。养成班级主人翁意识，增强责任感。	永胜队

步骤	活动目标	活动内容	活动负责人
5	建立共同愿景，激励奋发上进的追求。	设计班徽、班级口号，制订班级主页、争章星座等。	金鹰队
6	开展"我爱我班"教室设计布置创新大赛。	激发学生的积极性与创新性，群策群力，营造整洁、美观的学习环境。	春蕾队
7	开展"我爱我班"主题竞赛活动之一：我说我写、我涂我画。（可以采用日记、小报、绘画等各种形式）	促进学生对研究内容的反思，激发学生的竞争意识，培养学生的说话、写作、绘画能力。	智慧队
8	开展"我爱我班"主题竞赛活动之二：我唱我跳、我玩我演。	培养学生的综合能力。	智慧队
9	活动总结交流，评选优秀档案袋，撰写班级简介。	对活动进行总结、评比、交流。	永胜队
10	小组交流研究成果，制订班级公约，设置小岗位。	交流研究成果，增加信息量。养成一定班级主人翁意识，增强责任感。	班主任

案例点评

　　班级活动不应停留在教室，应与学生的学习生活更紧密地结合。师生之间的交往，也应从三尺讲台走向实际生活，使教育更具人性化和实效性。本活动规划正是以班级学生的成长需求与班级现状为着眼点，贴近学生的生活实际，重视学生的生活体悟，针对本班学生的不同特点，着重运用情感教育的方式，以爱的情感贯穿始终，培养学生对自我、他人、集体的爱，用爱增加班级的凝聚力和向心力，用爱激发学生的积极性和主人翁意识，从而实现班级活动在时间与阶段上、纵向与横向上的均衡。

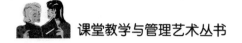

班级活动方案的设计

班级活动方案是具体活动的规划与安排，是在活动之前预先拟定的活动内容与步骤。主要由活动标题、活动目标、活动时间、活动地点和人员、活动内容和形式、活动步骤及活动准备等构成。为了眉目清楚，方案的正文一般都分条分项地写。重要的方案还要在正文后面说明执行方案的起止日期。目标、措施、步骤是构成方案的"三要素"，是方案的核心。这部分一定要写清楚"为什么做"（目标）、"做什么"（措施）、"怎么做"（步骤）。

一、班级活动方案的构成

1. 活动标题

活动标题是对活动内容的实质性反映。撰写方案之初，必须首先确定活动标题。好的活动标题，首先要求充满学生的成长气息，如"男生女生不一样"；其次要反映活动的主题，如"我交往，我快乐"；第三，要简练、醒目、易记。

2. 活动目标

指导者在组织班级活动时，应先明确活动的具体目标，使学生明确开展该活动所要达到的结果。活动目标明确，是制订方案和评价活动的依据。每一项活动都有具体明确的活动目标，但不要用"认知"、"情感"、"操作"等心理学的分类标准来划分活动目标，而应围绕对学生现状的分析和对活动的理解做综合的、学生发展意义上的目标表述。

3. 活动时间、地点、人员

班级活动的开展，其基本构成要素是时间、地点和人员。班级活动一般以班级或小组为单位，应根据班级学生特点、知识水平、学校总体安排及教学日历等确定时间、地点和人员构成。

4. 活动内容、形式

指导者无论组织什么活动，都应该根据活动内容选择那些最能达到活动目标的活动形式，以收到最佳的活动效果。选择理想的班级活动形式的依据主要有四点：一是活动内容；二是现实条件；三是本班学生的年龄特点和其他实际情况；四是指导者自身的特长和优势。

5. 活动步骤

在活动过程的每一步实施中，都要有目的、规划与预测。预测可能出现的问题及解决方法，并指明注意事项，以引起学生注意。特别是具有探险性的活动，应做好一切应急准备，确保活动的安全。

6. 活动准备

必须对开展活动的场地、所用器材及工具设备做周密考虑，以确保活动的顺利进行。

7. 活动总结与反思

反思是很好的发展方式。班级活动开展完以后，绝不意味着结束，对活动的反思、总结是我们必须要做的。通过反思我们的活动，可以使活动的教育效果得以加强，使以后的活动得以优化，活动的拓展也可以使教育得以延续和深化。

班级活动的反思主要从三个方面进行：（1）班级活动的方案反思。班级活动结束以后，应该对此次活动的方案进行反思，主要包括活动的主题选得是否合理，主题提炼的深度是否得当，活动时间的安排如何，人员挑选、落实得如何，活动过程中是否对方案进行了调整，如何进行了调整，原因是什么。活动中是否还有情况是预设时没有考虑到的，活动的过程设计是否恰当，活动规划的撰写是否通俗，有没有表达歧义的地方等。（2）班级活动的过程反思。对班级活动的过程反思，主要是过程进展是否按预设顺利进行，如果没有，原因是什么；方案中的每项活动，与实际开展是否有差异，如果有，原因是什么；活动中存在哪些困难，针对这些困难，以后该如何进行调整；有哪些活动在实施中根本就不可能开展，哪些是需要改进的等等。（3）班级活动的效果反思。班级活动都需要达到一定的预期目标，在活动结束以后，必须对活动的效果予以评价。同时，在活动中还会产生意想不到的效果，有正面的，有负面的，这些都需要我们认真地总结和反思，以便在以后的班级活动中注意。

二、活动方案设计的要求

在设计活动方案的过程中，应遵循一定的原则和要求，确保活动方案的科学性、趣味性、广泛性、教育性等。

1. 明确指导思想和活动目的

活动方案的设计必须以贯彻教育目的、落实中小学教育和教学任务为指导思想，发展学生的智力和体力，使其在活动中完成知识技能的形成以及身心的发展与提高。

2. 发挥学生的主体性

活动的开展，要发挥学生的主体性和主动性，活动的内容与形式设计，更要发挥学生的积极主动性。群策群力，集思广益，听取学生的意见和要求，使他们真正成为活动的主人。

3. 内容及形式的创新性

活动内容是实施教育目的的中介，当活动的内容被选定后，活动的形式对效果的影响就会很大。形式恰当，学生才能成为活动的主人，才能发挥其积极主动性。所以，必须根据学生的特点选取适当的活动内容和形式，以达到寓教于乐的目的。

4. 活动过程的保障措施

在活动实施过程中，要明确活动程序，组织严密，领导分工明确，分析可能出现的问题并事先制订预防措施，以保证活动安全、如期完成。

相关案例

我们也"实话实说"

一、活动背景

在"我爱我班"活动进行的一次问卷调查中，"你最烦恼的事是什么"这一问题的答案出乎意料，令教师非常担心。在学生的日常生活中，人际关系问题异常突出。很多学生不知道怎样与人相处，怎样才能很好地解决自己和他人之间的矛盾。经常因为只站在自己的角度考虑问题而忽略对方的感受，从而引起矛盾，却又不知如何解决。久而久之这竟成为学生心中挥之不去的困扰，让他们神思不宁，妨碍了正常的学习和生活。

二、活动目标

（1）帮助学生处理相互之间因误解和缺乏沟通产生的问题。

（2）帮助学生解除与家长间的误会。

（3）对学生进行心理健康教育，使学生拥有健全的人格，培养学生掌握与他人和睦相处的好方法。

教师和学生一起设计了一次以家长参与、教师引导、学生讨论交流为主要形式的班会，让学生倾吐自己的心声，通过沟通交流找出解决问题的方法，进行自我教育。

三、活动准备

（1）问卷调查，了解学生中存在的问题。（问卷题目：你的烦恼是什么？）

（2）与家长沟通，引起家长的重视。由学生邀请家长参加班会，并准备发言。

（3）教师查阅《实话实说》节目的相关资料及场景设计，师生共同布置好演播室现场的环境。

（4）教师学习"积极聆听"的方法及形式。

四、活动步骤

（1）宣布活动开始。

（2）放以学生为主角的录像片，引出讨论的话题：如何在交往中与他人相处？怎样处理同学之间的问题？

（3）讨论问题出现的原因和解决问题的方法。

（4）说出心中的烦恼，大家"实话实说"表达自己的不同看法。

（5）学生和家长发言，当场交流，解除误会。

（6）宣布活动结束。

五、活动反思

（1）从内容和形式考虑，选择适合学生的内容，这样才能具有教育的实效性。因此，活动的开展做到问题来自学生，又将问题还给学生，让问题通过学生自己动脑筋想办法来解决。在解决问题的过程中，学生一方面提高了分辨是非的能力，另一方面也提高了认识，增强了解决问题的实际能力。

（2）在活动过程中，教师采取积极聆听的办法，引导学生敞开心扉，自己发现问题，通过思考、讨论、探索，找到解决问题的方法。学生是问题的主体，也应该作为解决问题的主要力量。

（3）在活动中将家长请入课堂，使家庭力量与学校力量相结合，取得了更好的教育效果，融洽了家长和学生的关系，对家庭教育起到了指导的作用。

案例点评

"我们也'实话实说'"活动方案由活动背景、活动目标、活动准备、活动过程及反思几部分构成。选题从学生的实际需求入手。通过指导者对班内学生的观察，发现问题，进而组织全班性的问卷调查，了解到学生最苦恼和最需要帮助的问题，并将这个问题作为活动研究的重点内容。活动的形式比较新颖，为学生创设情境，使学生在良好的氛围中讨论、研究、解决问题。良好的情境有助于学生情感的交流和体验，更为学生创造了轻松活泼的交流环境。活动中，由于指导者始终以平等的身份参与其中，学生更容易袒露自己的心声。在谈论中，当事者受到了心灵的冲击，有的难题轻易解决了。而对于学生的不同意见，指导者没有轻易肯定或轻易否定，允许他们深入地辩论。班级活动的教育目的是要让学生得到真正的转变，实现道德上真正的升华，而不是说一些假话。

班级活动是一条动态的轨迹，每一次班级活动不仅是解决问题的钥匙，更是学生成长的台阶。班级活动不仅要让个人踏上台阶，更要让整个集体得到成长。要让学生在班级活动中树立正确的人生观和价值观，让每次班级活动都在学生心灵中留下深深的印痕，这些印痕将伴着他们走过人生的每一段路。

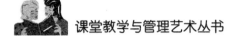
班级活动规划与方案的审议

班级活动规划与方案形成之后，需要进行一定的审议，为的是保证计划和方案对班级发展有更明确的指导意义，使班级规划与方案的设计更适合班级学生的身心发展，符合学校的学生发展培养规划，对学生的成长产生深远的影响。班级活动规划与方案的审议主体是学生与教师，审议的类别与形式也是多种多样的。

一、审议原则

1. 审议的多元化

参加审议的对象应该是多元的，包括学生、教师、学校，共同构成审议的主体，大家共同参与审议，能多渠道地获得反馈信息，更好地反思和改进班级活动计划，使其更合理、科学、有实效。审议的内容也是多元的，可以是对活动目标的评价，也可以是对活动内容、活动形式的评价，还可以只针对其中的一个方案的落实提出具体的指导意见。审议的方式也是多元的，可以由审议小组共同查看计划、交换意见；也可以开展计划交流活动，或者以年级为单位组织交流，或者根据活动主题分为若干小组，围绕一个主题进行交流。

2. 审议的民主化

活动计划一般由教师与学生班委共同制订，但还要听取其他学生的建议与意见。学生是班级活动的直接参与者、活动者，他们对活动的开展有着直接的感受和判断，活动主题的确定和活动的内容开展，能充分显示学生的主体作用和创造能力，有助于提升学生自觉参与的意识。当学生提出审议意见后，教师还要与班委针对学生提出的意见进行修改和调整，那些确实符合班级现状、有利于班级学生发展的活动建议，可以补充进去；暂时还不能落实的活动则需要向学生做出说明，并列入班级未来活动计划。学校的审议要在尊重班级学生意愿和促进班级特色建设的基础上，客观、公正地提出审议意见。

3. 审议的全程化

审议要贯穿于整个班级活动的计划中，从计划制订的培训开始，学校相关部门要组织教师进行培训，对于教师在活动计划中遇到的问题要提供相关的帮助。审议的目的不是为了检查评比，而是一个相互交流促进的过程。

二、审议组织

班级活动规划与方案的审议也是一个让更多的学生参与班级管理、自主建设班级的过程。学生对班级活动规划与方案的审议拥有决定权，是审议的主体。教师则是学生审议过程中的重要参与人员，是学生的审议过程的指导者、参与者、启发者、激励者。

学校还要成立相关的班级活动审议小组，成员可以是学校分管德育工作的领导、大队辅导员、年级组长、教师代表，也可以邀请相关的社区人员等。

三、审议类别与形式

（一）审议类别

1. 从范围上看，审议可以分为外部审议与内部审议。

（1）外部审议：主要指规划或方案制订之外的人参与的审议。

（2）内部审议：主要指规划或方案制订阶段参与设计的人员参与的审议。

2. 从参与者的角度来看，审议又可分为班内审议、班际审议、学校审议。

（1）班内审议：班内审议又可以分为班委会的审议和班级理事会的审议。

班委会的审议由班委成员参加，班级理事会的审议则由理事会成员参加，这两种审议方式都可以邀请教师参加。

（2）班际审议：可以是年级内的审议，参加的人员不仅限于本班学生，还可以邀请其他班级的学生或者教师，如果有困难的话还可以请相关的教师一起组织这次审议活动。

（3）学校审议：学校要组织相关的人员成立校级活动规划与方案的审议小组，可以邀请社区人员和有关专家、家长等参加。他们可以给班级活动规划提供新的视角、新的知识、新的资源，也可能给班级活动规划带来新的挑战与课题。

班级活动方案的审议可以由年级组自行成立，主要是为班级活动的方案设计提出一定的指导意见，对活动主题、活动方案接近的班级组织统整、协调，加强班际之间的合作，有利于资源共享。

（二）审议形式

审议的形式也是多种多样的，具体来说有班级讨论、实地勘察、模拟实践、网上发布、校园公告等等。

1. 在班级理事会中审议

参加讨论的成员针对一个话题进行讨论，可以充分发表自己的见解，形成一定的意见。而后班级理事会把这次审议的主要内容向全体班级成员进行汇报，在得到学生的认可后开展活动。

2. 在实地勘察中相互审议

要制订出比较详实可行的方案，有时还需要到实地去调查、了解，掌握一定的资料再来制订活动方案。

班级活动方案中有外出活动的设想，如何让外出活动有效地开展，就涉及到一个活动计划书的制订。如学生要到淹城去开展野炊活动，在提出活动设想之后，需要实地勘察，去了解一下淹城的地形地貌，应该设计怎样的路线，要做怎样的准备工作。活动前，教师与家长可以带领部分学生前去调查，并认真做好记录。回来后可以根据调查情况先做一个简要的介绍，让全体学生有所了解，然后分组讨论、制订活动计划。各组根据自己的需要与特点选择相关的路线，并在班级中进行交流。其他各组学生可以相互补充、调整。这样由学生自己策划、相互审议的活动计划，还可以在实践中验证，能极大地培养学生的活动设计能力，增强学生的活动参与意识，还能凝聚人心，有助于优秀班集体的建设。

3. 在模拟实践中审议

一个活动方案的形成，需要学生经过反复思考、讨论。只有考虑比较周密，才能对学生的活动确实起到指导作用。一份活动方案的周密性、可行性必然要受到实践的检验。因此，班级活动方案的审议还可以放到实践中去，在实践中获得检验，然后再对活动方案加以修改、完善。这样的活动方案更具有可行性，学生也能在这样的模拟实践中得到锻炼。

4. 在校园公告中审议

在校园里的公告栏发布相关的活动信息，提请全校学生共同商讨。可以设计海报宣传，也可以借助校园的宣传栏。

5. 在校园网上审议

校园网也是班级活动规划与方案交流审议的重要途径。针对一些焦点、热点问题的活动设计，校园网能发挥其交流广泛、信息流通大的特点。

四、审议评价标准

班级活动计划质量的高低在一定程度上决定了班级活动开展的水平，影响着学生的发展。因此，班级活动计划的制订，需要经过一定的审议，审议的标准包括以下两个方面。

（一）活动目标的审议标准

1. 目标的制订是否符合学生的发展需求

目标制订要根据调查分析，确定本班学生目前的发展需求，在哪些方面能够得到发展，即采取什么样的方式能够促进学生个体的发展。过高或过低的要求都不合适。

2. 目标的制订是否符合学校整体发展的方向

每个学校都有其明确的发展方向，每学期都会制订相应的学校工作计划，而班级活动目标的制订就要在此基础上，既符合学校发展方向，又突出本班学生特点。如根据一年级学生特点所制订的班级活动计划目标："以树立小榜样为突破口，以'小岗位'为载体，以每周养成一个行为（或学习）好习惯为形式，结合教师评、学生自评和互评、家长评等评价机制对不同层次的学生设立相应的达标要求，以激励每个学生在学校、班级的各项活动中积极表现。"因为一年级的学生刚进入校园，学生行为习惯的培养尤为重要。因此，在以上这个计划中，把培养学生良好的行为习惯作为目标。这样的目标制订就使师生很明确这学期的重点是什么，该怎样做。

（二）活动设计的审议标准

1. 活动过程是否清晰、完整

一份比较清晰的活动内容设计包括如下问题：参加活动的成员、指导教师、活动的安排、需要做的准备、有关注意事项等。活动安排也要留有余地，以便在具体的活动过程中进行调整，帮助活动目标的达成。

2. 内容安排合理，符合学生特点

审议活动内容时要根据不同的年级要求、不同年龄学生的特点，具体问题具体分析。

（1）班级活动的内容安排是否符合学生的年龄特点。

（2）活动内容的设计是否突出主题，活动安排是否合理、可行。

（3）结合学校活动设计的班级活动是否呈现出本班的特色。

班级活动计划的审议要多层面、多渠道地进行，并提倡一分为二、实事求是的审议精神，广开言路、自由发表见解。要充分调动学生积极参与，激发学生自主管理班级、自主建设班级的意识，让班级活动成为学生发展、凝聚班级人心的一个重要阵地。

相关案例

"红领巾跳蚤市场"活动计划的审议

我们的第一份活动方案
一、活动目标
增强学生关心他人的意识，养成爱惜自己生活用品的习惯。
二、活动内容

将学生手中多余或不再需要的物品卖掉，所得的收入用于帮助校园里需要帮助的学生。

三、活动时间

9 月 28 日中午 12：00。

四、活动地点

大操场上。

五、活动准备

每人准备一些学习用品、玩具、图书等带到操场上，参加义卖活动。

六、活动过程

（1）开展活动的宣传工作，做一张海报。

（2）联系年级内其他班级，共同参与此次活动。

（3）28 日中午 12：00 之前，各班到大操场集合，按照一定的位置将带来的物品摆到桌上，做好准备，分组义卖。

（4）义卖活动开始。

（5）将义卖收入交到班长手中，进行记录。

（6）各班将本次活动的收入交给学校大队部。

我们的审议过程

审议人员：全体班委、学生代表

特邀顾问：班主任

审议过程

一、共同讨论方案

制订了本方案之后，是否可行，还需要集体的共同商议。班委邀请了部分学生代表和班主任对方案进行审议。班主任在看了方案、听了同学的交流后，提出了一个设想，先在本班模拟进行一次义卖活动，一则可以检验一下方案制订的可行性；二则有什么问题还可以修改，为正式开展活动积累经验，可谓一举两得。这个建议得到了学生们的积极响应。

二、模拟实践计划

按照已经制订好的方案，学生开始了活动的准备，做了海报，也进行了宣传，但是实际效果远远低于事前的预设。人来了不少，但义卖金额不理想，场面也比较混乱，很多学生都非常失望。

三、反思修改计划

又一次班会开始了，这次活动由全体参与义卖的学生与教师共同参加。在教师的组织下，大家开始了自我反思，他们发现活动中出现了一些问题，需要做出调整。

问题一：缺乏销售经验

成员不仅要知道自己的任务是什么，还要懂得怎样去做。假如你是负责推销的，你要学习如何更快地推销出自己的商品，态度要好，要看人说话，碰到男同学不要介绍玩具，可以推荐变形金刚、小机器人之类男生喜爱的东西。

建议：要有义卖前的培训，请有相关经验的家长或社区人员为学生做介绍。

问题二：义卖品滞销

带来的物品要经过精心挑选。这些物品一要外观整齐；二要有质量保证，最好有一定的卖点，否则会滞销。

建议：活动前最好搞一个问卷调查，了解学生家中有哪些物品愿意拿到跳蚤市场上来，又需要哪些物品，并且整理出学生需求排行榜，供学生参考。

问题三：义卖品价格杂乱。

价格过高或过低，不稳定，部分学生对物品及其相应的价格持怀疑态度，故而有观望现象。还有的摊位因为价格有争议产生了争执。

建议：每个物品要贴有标签，明码标价，相互之间要互相询问，要有参考价格，以物美价廉为主。

问题四：安全问题存在隐患。

每个摊位前都围了不少人，造成了拥挤现象，安全问题存在隐患。还有的摊位因为人比较多，物品都被挤到地上，结果造成了损失。

建议：安排一定的保安人员，维持活动秩序。

问题五：职责不清，场面混乱。

模拟实践中，有些准备工作开始时有人做，但结束时却找不到学生，学生自己都不清楚从头至尾自己在活动中的岗位。

建议：理出本次活动中应有的岗位，落实到人，并安排检查人员进行监督。活动前要开好预备会，明确分工与职责；活动结束后要召开总结评比会，对活动中出现的问题进行总结。

在这次模拟活动之后，学生对自己制订的方案进行了反思与调整，再把比较完善的方案推荐到其他班级中，供其他班级同学参考。

　修改后的活动方案

一、活动目标

通过活动，增强学生关心他人的意识，养成爱惜自己生活用品的习惯。

二、活动内容

将学生手中多余或不再需要的物品卖掉，所得的收入用于帮助校园里需要帮助的学生。

三、活动时间

9月30日中午12:00。

四、活动地点

大操场上。

五、活动过程

(1) 开展活动的宣传工作，做一张海报。

(2) 开展问卷调查，了解学生家中需要出售的物品。

(3) 学生做好准备，回家选择所需出售的物品，并进行整理。

(4) 发出邀请书，邀请年级内其他班级同学，共同参与此次活动，并提供修改过的活动方案，以供参考。

(5) 召开班级第一次预备会，进行分工。

(6) 召开班级第二次预备会，进行活动培训。

(7) 各小组搜集整理本组物品，开展宣传活动，宣传自己的产品，每个摊位前还可以有本摊位商品的简要介绍。每个摊位要准备一些零钱，以备找零。

(8) 活动正式开始前半小时，各组集中到大操场，按照一定的位置将带来的物品摆到桌上，做好准备，分组义卖。

(9) 义卖活动开始前，检查各个岗位的到位情况。

(10) 活动开始，注意文明义卖、有序义卖。

(11) 将义卖收入交到班长手中，进行记录，并予以公示。

(12) 活动结束后要开展评比活动，评选出态度热情、销售有方的小组以及在各个岗位上认真负责的学生。

案例点评

这份活动方案的审议是一次完整的审议过程。从活动的第一份方案开始，通过实践、反思之后，提炼出活动设计中存在的五个问题，并结合实践的经验提出相关的修改意见，而后再根据修改意见对方案进行第二次修改与审议。整个过程不是教师独断专行，也不是学生盲目操作，而是教师与学生在共同实践交流下的成果，教师是学生制订、审议、修改方案的合作者和激励者。这样一个方案的审议过程是在实践中逐步完善起来的，它不是纸上谈兵，有实践的成果，有积累的经验，经得起推敲，保证了活动开展的有效性、合理性。

第七章

班级日常活动的创意设计

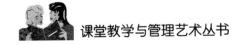

晨会的设计与实施

晨会，顾名思义，就是早晨把学生集中起来开会。它是一天中学生开始学校生活的序曲。序曲的时间虽然不会太长，一般只有短短的 10 分钟，不过，以每周 5 次晨会、一学期 19 周计算，总共却有 950 分钟的时间；以小学六年制算，就有 11400 分钟；以每节课 40 分钟算，就是 285 节课。这可是一个不小的数字。

晨会作为序曲，为学生一天的学习生活制定了主旋律。它能使学生互相沟通，帮助学生扩大视野、提高能力、陶冶性情；它是课内外、校内外的连接点和汇聚点。因此，我们在设计与实施时应遵循教育规律和学生的心理特点，尽力放大、提高其教育价值。

一、展会设计与实施的原则

1. 规划性原则

课程计划已把晨会课单独作为一门课程，这说明它的意义十分重大。班主任要端正思想，充分重视晨会的重要性，在每学期初应制订详细的计划和可操作的措施，这些计划制订时要"因人而异"、"因班而异"、"因年级而异"。每节课应该相互衔接，注重教育内容的相关性、连贯性、递进性，形成层次和梯度，产生连续性的教育效果。遵循循序渐进的原则，使每学期乃至每学年的晨会课形成一条线，连成一片网，构成纵横交错、立体式的教育结构。譬如在学生习惯养成方面，要从走好路、扫好地、捧好书、整理好书包抓起，从握笔姿势、读书的语调抓起，由简单到复杂，由低级到高级，形成阶梯，逐步升华。

2. 自主性原则

只有让学生主动参与到晨会课中来，他们才能主动接受教育，才能把教育内容自觉内化为日常的行为。因此，晨会课的形式要自主、民主。班主任可以把一段时间的教育内容告诉给学生，然后让学生自己设计晨会，自己主持，自己总结评讲。为了促使每个学生都能发展，班主任还可以开展晨会课活动方案设计招标比赛，发动学生人人动脑、群策群力。这样，每个学生都有机会表现，在表现中发展个性，逐步培养学生处理信息能力、口头表达能力、交往合作能力等等。

3. 互动性原则

班主任和学生都是晨会的参与者，彼此平等，互相理解。班主任要处理好指点提示和注重倾听的关系，潜心倾听学生的建议和呼声，揣摩学生的心理，把握学生的思想脉搏，有的放矢地指点迷津。只有师生平等相待、民主交流、融为一体、互为默契，晨会课才能丰富多彩、生动感人、有所创新。

4. 趣味性原则

晨会是一天的"序曲"，它影响着学生每天最初的学习情绪体验，所以活动要讲求趣味性。活动的目的、形式、内容应从学生的心理特征出发，使活动内容充实、主题鲜明、形式新颖、气氛和谐，使学生感到新奇、好玩，喜欢参加。如果每一次晨会都能像中央电视台的"大风车"节目那样，相信每一个早晨都会成为学生最美的童年回忆。

5. 多样性原则

多样性包括内容的多样性和形式的多样性。从内容上看，晨会可以是学生才艺的展示，可以是好书的推荐，可以是新闻播报，也可以是专题讨论；从形式上看，可以是一场辩论，可以是一次演唱会，可以是一次交流，也可以是一场比赛等。活动生动多样，才能吸引学生，才能使晨会真正成为学生精美的"精神早餐"。

二、展会设计与实施的内容与形式

为了让学生在"晨会"中获得丰富的营养，一个"变"字是关键。班主任可以根据班级教育目标与学生成长的需要，恰当地选择新鲜活泼的内容，采用多种灵活的形式，有目的、有计划、有针对性地开展以学生为主、妙趣横生的活动，让晨会课充满鲜明的色彩和扣人心扉的魅力。

1. 历史上的今天

翻开每一页日历，都在无声地讲述着一个个动人的故事。故事，是学生喜闻乐见的形式。历史上的今天，不是简单地告知学生在这一天曾经发生过哪些事，而是要精心选择这些历史事件，挖掘其中的教育价值。因为那些历史故事常常是对学生进行思想教育的最好素材。教师要在充分解读其教育价值的基础上精心设计活动，凸显活动真正的价值所在。

为了方便教师开展这一主题活动，下面简单列举一些有价值的历史事件供班主任参考。如一月份有许多红色纪念日，可以紧扣爱国教育的主题：2日，中国人民解放军特等功臣、国际主义战士罗盛教光荣牺牲；9日是我国宋朝文学家、民族英雄文天祥殉难日；12日，我国解放战争时期的青年女英雄刘胡兰光荣牺牲；27日是我国南宋抗金名将岳飞被害日。再如3月5日，毛主席的题词"向雷锋同志学习"发表，因此整个3月份可以确立"学雷锋"的主题；3月8日又是"国际妇女节"，因此，班主任还可以围绕"感恩"的主题开展活动；4月5日，容国团在第25届世界乒乓球锦标赛上荣获男子单打冠军，这是我国体育运动史上第一个世界冠军等等。

2. 新闻播报

现在是信息社会，学生不应"两耳不闻窗外事"，而要做到"家事、国事、天下事，事事关心"。学生每天都会从电视、报纸等多种渠道获取到方方面面的信息，因此可借助晨会这个平台，围绕一个大家都感兴趣的新闻进行交流，也可以"新闻窗口"的形式介绍最近的重大新闻，引起学生的关注。

3. 歌声朗朗

如今小学生的世界是精彩纷呈的，他们对新事物充满好奇，对流行歌曲情有独钟。在信息高速流通的今天，多种媒体将流行歌曲传递到我们的生活中，我们不用再让学生仅唱着《卖报歌》《一分钱》之类的经典老歌长大，但我们应该因势利导地将一些健康的流行歌曲带给学生，使他们在唱歌的同时享受乐趣，开始一天的生活。

4. 百家讲坛

教师可以在晨会课上设立"百家讲坛"栏目，让学生介绍自己对某一本书的看法，对某一社会现象的观感，以及对某一作家风格的理解等等。学生在讲解过程中，话语可能是稚嫩的，理解有时也会有失偏颇，但这融入了他们的思考，从而初步培养了他们的问题意识和独立思考精神，相信对他们来说，可能会终身受益。

三、晨会设计与实施的步骤

结合设计依据，结合内容与形式，晨会设计与实施的步骤一般如下：

1. 学期初制订学期计划

可以以表格的形式列举出本学期晨会课的内容和组织形式。如以下"晨会学期计划表"。

日期	主题	组织形式	主持人	活动准备

2. 精心设计具体活动

计划表中列出的只是初步的打算，每一次都应提前一周设计好具体的活动方案。低年级主要依靠教师的设计，可以培养一些小主持人。中、高年级完全可以开展"晨会招标活动"，让学生以个人或组合的形式申报，承办晨会的设计与实施，教师做好帮助者、支持者的角色。

晨会是班主任对学生进行长期性教育的一种重要途径和班集体活动的一种重要形式。某教师在晨会管理上就进行了一个新尝试，每天晨会由班里的三四个学生招标，轮流主持，把晨会的 10 分钟时间还给学生，让学生自己去支配、管理和体会。学生是学习的主人，他们在晨会课上找到了一个充分展示自己才华的时空舞台。每位学生精彩的表演，不仅给同学们带来了乐趣，更丰富了大家的知识。每个晨会都在笑声、掌声或歌声中度过。

常言道：台上一分钟，台下十年功。在这有限的 10 分钟里，每个学生为了充分展示自己的才能，给其他同学一个惊喜，课后积极搜集资料，认真反复演练，这本身就是一个难得的学习过程。因此，如果每个班主任都把晨会还给学生，让学生在愉快的气氛中接受教育、明辨是非、锻炼能力，都会取得良好的教育效果。

3. 积极参与实施过程

班主任要认真参与整个过程，尤其是学生自主设计的晨会活动，要及时给予帮助和引领，调节晨会课的气氛，提升学生的认识。

4. 认真反思晨会效果

一次实践就是一次成长。班主任可以带领学生一起反思讨论，从每一次晨会课中看学生的成长，看活动的设计和组织。这样，才能在思考的基础上促进晨会质量的不断提高。

四、展会设计与实施的注意事项

当前，由于一些班主任没有真正认识、理解和重视发挥晨会课的教育作用，对于究竟怎么上好晨会课心中无谱，凭主观，想当然，因而教育目标不集中，教育方式单调枯燥。其中有一些较具代表性的现象值得大家注意。

1. 不把晨会当成一堂正式的课

因为晨会只有 10 分钟，许多班主任又未能正确认识到晨会的意义，所以，把晨会当成是早晨的一段"自由安排时间"，有的让学生收发作业，有的变成了早读的延续，有的甚至才上了两三分钟，就让学生做好上第一节课的准备……

2. 把晨会据为班主任的"一言堂"

据调查，有些班主任会把晨会用来说教，一个人在讲台上喋喋不休。可结果呢？当学生听厌了这类训话内容后，照样我行我素，大事不犯，小事不断。

3. 把晨会视为学生的"自留田"

任何事都会物极必反。有的班主任认为，"晨会"与自身的工作毫无关系，是学生自由发挥的天地。所以，让学生自主管理，随意地每天指定两名学生负责，至于学生做些什么则不再过问。久而久之，晨会的质量可想而知。

4. 把晨会当作一堂机械重复的课

很多班主任都是任课教师，他们更关注学科教学，而不认同班级日常生活质量对学生的意义。所以，他们把晨会理解得非常简单，一个内容、一种形式可以贯穿几个学期，学生对这种不断重复的晨会课充满了厌恶，甚至会觉得这是一段"垃圾时间"。教育是一门艺术，它需要教师用爱来经营。爱，体现在每一个角落。教师要有敏锐的教育意识，充分认识每一个活动、每一段生活对学生的教育价值，从而让其成为学生成长的"理想家园"。

相关案例

孩子的新闻

我们班的晨会 10 分钟常常很热闹，原因就在于我们把新闻请进了晨会。学生以自己的小队命名每天的新闻时间，如"快乐新闻播报"、"QQ 新闻"和"银河新闻时间"等。

学生的新闻可不一般，他们更关注与他们的生活息息相关的新闻。10 月 1 日要放假了，9 月 30 日的晨会正好轮到红花队的"红花看天下"节目。红花队的队员走上讲台，他们的开场白居然是：国庆放假，同学们有 7 天的休息时间。我们小队来给大家介绍一下在国庆期间，常州的好去处。

——焕然一新的红梅公园就要在 10 月 1 日对外开放了，听说里面姹紫嫣红，非常漂亮。而且还新增了许多游乐设施，如青蛙跳、泡泡球等。现在，红梅公园是开放式公园了，门票就省掉了。大家可别错过了呀！（还挺节约的呀！）

——恐龙园的变化更大。我妈妈就在恐龙园工作，她告诉我鲁布拉新增了许多惊险刺激的游乐项目，比香港迪斯尼乐园还好玩。让我们一起结伴去玩个痛快吧！（嘿，小间谍外加广告！）

——常州的国际动漫节开幕啦！各种卡通人物齐集我们家乡，有米老鼠、唐老鸭、黑猫警长等。我们可以与卡通人物一起唱歌，一起跳舞，也成为快乐卡通中的一员啊！（一听，就是个卡通迷！）

……

虽然这些新闻都与"玩"有关，但是却折射出孩子热爱家乡的感情，以及与同伴分享的快乐。

案例点评

某些教师对新闻播报的理解过于程式化和成人气，认为它不符合学生的年龄特点。但通过上面这个案例我们不难看出，这里的新闻播报不是指读现成的新闻，而是用孩子的口吻播孩子想知道的新闻。在这个过程中，不仅锻炼了学生的口头表达能力，更提高了学生的社会素养，加快了学生的社会化进程。

午间活动的设计与实施

随着时代的发展我们发现，越来越多小学生的午间生活都是在学校度过的。科学地研究这期间的学生活动，精心设计午间活动，对激发学生学习兴趣、拓展学生视野、陶冶学生情操、培养学生能力、促进学生健康发展有着深刻的影响。如何创造性地设计午间活动是现代学校班主任的重要工作之一。

一、开展午间活动的目的和意义

午间活动，顾名思义，就是在每天午间这段学生相对比较固定的时间里，教师有目的、有过程地组织、帮助学生开展各项活动。设计并开展丰富多彩的午间活动，其根本目的是更好地引导学生参与活动，感受集体生活的快乐，并在活动中学会遵守规范，学会合作，学会处理各种问题。因此，午间活动的有效开展有着深远的教育意义。

1. 丰富多彩的午间活动是学生个体生命健康成长的需要

"活动是孩子的天性。"这句话包含着这样的意思：如果不尊重孩子的天性，就会限制孩子的发展。放松的游戏活动不仅可以愉悦身心、开阔视野，而且可以放松身心，使大脑得到积极的休息，有利于下一步的学习，让人更珍惜工作与学习的时间。人不能离开活动，而学生更不能没有形式多样的午间活动，那是他们一天学校生活中必不可少的一项内容。他们在各类活动中满足自己的需要，发展着自身，其能力也在活动中不断提高。

2. 丰富多彩的午间活动能提高学生的认识能力

学生参加各种活动，从不同方面打开了视野，获得了知识，其中许多知识是书本上没有的。所以，对于学生来说，活动就是学习，玩也是学习。跟小朋友一块玩，可以互相学习优点，学习怎样与人相处，提高交往能力，促进身心健康发展。许多玩的活动能够发展学生的兴趣、爱好，发展学生的特长。著名科学家达尔文的科学创造精神就是从小时候喜欢玩昆虫、观察动植物变化开始的。的确，在各种午间活动中，学生要通过自己的感官去观察、去倾听、去感受，更要通过他们大脑去思考、去辨析，动手的机会也特别多。教育家告诉我们："孩子的智慧在他的手指尖上。"午间活动为学生提供了很多的信息，这些信息经过学生大脑的分析、加工，通过自己的亲手实践，进而提升为新的认识。可以说，活动内容"内化"了，学生的认识能力也得到了提高；新的认识，又成了学生知识结构的新的补充，增加了学生今后认识活动的基础。

3. 丰富多彩的午间活动能提高学生的实践能力

学生在参加午间活动的过程中，不仅要看、要听、要想，更要去说、去做。一场球赛、一次演讲，都需要学生身体力行，亲自参与到活动本身。当学生在活动中取得成果时，在获得愉快的心理体验的同时，也获得了能力，这就是实践的能力。如果他们的结果不理想，他们也会取得教训，作为今后实践的借鉴。

4. 丰富多彩的午间活动引导学生学会"做人"

在现代教育中，引导学生学会做人，学会正确交往，正确处理各种人际关系，这也是一门很重要的学科。而要学会做人，仅仅依靠课堂是远远不够的。校园相当于一个小小的社会，不以思想品德教育为主的各种午间活动，却渗透着更多的德育内容。学生参与活动，就必然要在活动中与人交往，去直接面对各种人际关系，并学习处理各种随机出现的问题。参加的活动越多，接触的人越多，交往的面也越广，这正好为学生提供了在实践中学习"做人"的极好机会。在交往中，他们会逐渐知道互相协作、互相支持、互相帮助的重要，提醒自己以应有的道德规范去处理自己与他人、自己与集体的关系。而且，在课堂上习得的道德认识、道德判断在这样的实践活动中还会获得新的提升。

二、设计和开展午间活动的原则

学生午间活动应本着一定的目标，活动的形式安排和设计都要以学生为主体，避免游戏"成人化"。要坚持让学生主动发展，千方百计地让学生动起来，发展他们的创造力；坚持发展学生个性特长，在活动中必须尊重学生的人格和权利，使学生能在活动中形成主体性和创造性，并在活动中表现出来。在内容和形式的安排上，既要有个性又要有共性，让学生根据爱好选择。

因此，在午间活动的设计与开展过程中，教师一定要遵循以下原则。

1. 活动的自主性

午间活动的主体是学生，班主任、指导教师只是其中的重要一员，起着指导和出谋划策的作用。因此，在午间活动的设计过程中，要求教师与学生配合，最大限度地调动全体同学的积极性，使全体同学处于兴奋状态。要让每一位学生感到：这是我们自己的活动，我们要动脑筋想办法，在活动中获得快乐、获得知识、健康成长。

2. 活动的趣味性

所谓趣味性，就是午间活动不仅要符合学生的心理特点，还要符合教育心理学的规律，不断变换形式。这些形式要生动活泼，使学生喜欢并乐于参加，真正把"要我参与"变为"我要参与"，调动他们的积极性，激发他们的活动热情，达到寓教于乐、趣中求新的目的。例如"超级童声"俱乐部，学生在教师指导下自己确定歌唱内容，自己查阅资料了解歌曲创作背景，自己准备表演器材，自己组织整台演出，评委也由学生自己担任。学生的主动表演，既为其他学生做出了榜样，又锻炼了自己的各方面能力，使学生在系列活动中赛出水平、赛出技能，在比赛、合作的欢声笑语中追求学生的最大发展。

三、午间活动的实施步骤

有自主特色的轻松愉快的课间活动、生气勃勃的午间活动、注重开发儿童创造性的少先队活动和深受孩子们喜爱的心理咨询活动，等等，丰富多彩的自主活动给学生愉快的发展创造了充分的空间。那么怎样带领学生开展丰富多彩的午间活动呢？班主任和指导教师要从活动的全过程着眼，认真落实其中的每一个环节。

（一）活动主题的选择

这是教师带领学生开展午间活动最初的也是最重要的工作之一。主题选不好，活动就不可能有效地开展起来。午间活动主题的选择，主要是指活动内容主题的选择和确定，它包括以下三个层次。

1. 教师了解学生的活动需求

班级午间活动内容来自哪里？需要教师首先做个有心人，与学生个别谈话、聊天，或者召开小型班干部会议、学生会议等，通过观察、了解、调查等各种手段了解学生的活动需求，让午间活动内容来自学生自身。不过，教师在活动开始前就要做到心中有数。

2. 班级学生充分讨论，提出活动设想

活动内容要来自学生，可以让学生根据班级实际情况以及学生的个人爱好提出各自的活动设想，允许学生提出独立的想法，在大家畅所欲言的基础上，全班讨论并形成午间活动小组。

3. 兴趣相投者形成活动小组

确定小组活动内容之后，学生可以根据个人意愿自由选择参加相应的活动小组。

（二）制订活动方案

主题确定之后，教师应帮助各活动小组共同制订活动方案。

活动方案应包括以下内容：活动的内容和目的，活动的人员，活动时间和地点，活动的基本方式，活动的准备工作，活动规则，活动总结等。

活动方案应该由各活动小组民主选举出的小组长书面完成，小组各成员要明确具体分工，互相帮助，互相提醒。

（三）活动开展

在活动开展过程中，教师需要时时关心、了解各小组的活动情况，及时给予"智力援助"或"友情提醒"。

在午间活动的实施过程中，教师尤其要加强学生意志的锻炼，加强学生自制力的培养。在活动中，学生常常会因为碰到一些枯燥无味的东西或不感兴趣的学科而不愿集中注意力，会因为遇到种种困难而放弃，也常常会因为有外界富有强烈吸引力的刺激与干扰而分散他们对于本组活动的注意。在这种情况下，就需要教师及时地给予关注，促使学生注意的集中、稳定。

关注的方式可以有：优秀小组的经验介绍，各小组的相互提醒，小组评比，小组成员的小结会议，等等。当然，教师也可根据具体情况及时调整活动小组。

（四）活动总结

活动总结往往会被遗忘，其实，这一环节很重要。因为，午间活动具有一定的持久性和连续性。该阶段活动搞得怎样？学生收获有多大？有什么经验？不足点又是什么？这一切都得通过学生自身总结反思才能弄清楚。好的总结既是一个句号，又是一个新的开始，它可以引导学生更有效地开展今后的午间活动。

总结的方式多种多样。可以是师生聊天时的漫谈，可以是小组内的自评、小组之间的互评或全班交流，可以写成书面稿子，可以做总结发言或开展主题班会，还可以做一期专题板报，等等。

设计和组织学生午间活动应该实实在在地确立"学生立场"，视学生为具有主动发展意识和能力的生命个体。要了解每个年龄阶段学生的心理特点与成长需求，了解每个学生不同的个性和需求，然后根据他们的需求来确定活动目标，来设计并选择适合学生的活动内容和形式。这样，午间活动才能真正成为促进学生健康成长的快乐天地。

相关案例

"向日葵中队"自我组建俱乐部，并设计的活动方案

向日葵中队俱乐部方案				
名称	内容	时间	地点	目的
"我为球狂"俱乐部	足球	12：30—13：00	操场	学会合作
规则：1. 必须完成作业；2. 掌握时间；3. 注意安全；4. 不捣乱；5. 保管好球，遗失者赔；6. 遵守足球规则；7. 听从组长指挥。				
"小书虫"俱乐部	读书	12：30—13：00	教室	享受书籍
规则：1. 必须完成作业；2. 安静；3. 不看不良书籍；4. 每周三讨论；5. 爱护书籍；6. 图书自带；7. 听从组长指挥。				
"乐在棋中"俱乐部	下棋	12：30—13：00	教室外走廊	开发智力
规则：1. 必须完成作业；2. 遵守下棋规则；3. 不干扰他人；4. "观棋不语真君子"；5. 听从组长指挥。				
"孔令辉"俱乐部	乒乓球	12：30—13：00	乒乓台	锻炼身体
规则：1. 必须完成作业；2. 遵守乒乓规则；3. 乒乓球、乒乓球拍自带；4. 文明礼貌；5. 注意安全；6. 听从组长指挥。				
"针线能手"俱乐部	刺绣	12：30—13：00	教室	锻炼耐心
规则：1. 必须完成作业；2. 物品自带；3. 不干扰别人；4. 注意安全；5. 每周评比作品；6. 听从组长指挥。				
备注： ＊每组一名组长，组员一般按时活动，若有特殊情况应向组长申请。				

案例点评

通过上面的案例我们不难发现，午间活动是学生自己的活动，它讲究活动的自主性。其中包括：活动主题的自我确定——学生根据自己兴趣、爱好自主规划，自主选择；午间活动的自我实施过程——学生担任主角，他们在教师的组织、帮助下，有计划、有组织地开展活动，并在活动中实现自我价值；活动的自主评价——在午间活动中，引导学生在自主中进行自我要求、自我评价的自制教育，提高学生的自我教育、自我管理的能力。

主题班会的设计与实施

主题班会是指在班主任指导下，以班为单位、以学生为主体、围绕特定的主题对学生进行教育的一种重要活动，同时也是培养学生能力、增强学生团结协作意识的重要阵地。一次卓有成效的主题班会会让他们在心灵上受到很大震动，对于陶冶他们的高尚情操、培养他们的组织能力和语言表达能力，推动良好班风的形成，使班级成为一个优秀、文明、集体荣誉感极强的班集体等，具有重要的作用。

一、主题班会设计与实施的依据

主题班会有别于常规班会，它要求内容集中，形式新颖并富于变化，尽量使全班学生都能够进入"会议"要求的角色，力求使"会议"形成很突出的效果并能在会后延伸下去，达到提高学生自我认识能力和自我教育能力、加强班集体建设的作用。所以，班主任在设计主题班会时要讲究教育性和科学性，要遵循以下的原则：

（一）思想性和目的性原则

主题班会必须具有一定的教育意义，要有明确的教育目的，要与学校的教育目标一致，要以为社会主义培养合格人才为宗旨来确定教育内容。

1. 把握主线

主题班会作为学校教育的重要形式，必须全面贯彻党的教育方针。以德育即政治、思想、道德和心理品质教育为主线，德智体相结合，互相渗透，注重对学生的个性教育，从而有效地实施素质教育。

2. 穿插辅线

依据学校教育的具体要求和班级的具体工作计划设计主题班会。每学期学校都会对本学期工作进行具体部署和要求，班级针对存在的实际情况和需解决的问题也有班级计划，这都是确立主题班会目的的直接依据和主要依据。

如为了帮助学生树立岗位意识，开一次"小岗位大明星"的主题班会活动；为了使刚入学的小学生尽快适应小学的学习和生活，开一次以"我是一名小学生"为主题的班会活动等等。

3. 依据一定的社会背景和形势的要求

因为这方面的影响及在学生中的反应都是比较集中并有一定力度的，因此不仅要考虑到这些影响的因素，而且还要利用和优化这种影响。例如，在当今的社会转型时期，人们的价值观念发生变化，一切向"钱"看、利己主义、享乐主义、"假冒伪劣"、腐败等现象都在无形中影响了在校的学生，使学生产生对社会前途的担忧和厌学的情绪。作为班主任，不可忽视这些负面效应对学生的影响，可以通过一定形式的主题班会对学生进行正面教育。

4. 依据学生的实际情况

不同年龄层次、文化层次的学生对问题的认识以及所关注的程度不一样。因此，主题班会的内容要区别对待，要能够使学生在心中接受并产生共鸣。如：常州市局前街小学在实施感激教育时，针对不同年龄段的学生采用不同的推进策略。低年级段以感激亲人、感激同学为抓手推进，体验亲情；中年级段以感激书籍为切入点，体验珍爱；高年级段则以感激母校、真情回报为基点开展感激系列的主题班会活动。

（二）全员性和主体性原则

教育必须面向所有学生。在主题班会的设计中，要坚持全员参与的原则，积极调动学生的主体性作用，使全体学生能够参与、愿意参与、主动参与，实现高效的教育。一次成功的主题班会，靠的是学生参与的态度和创造性的发挥，学生的主动性越强，班会的教育效果就越好。

启动和激活学生参加班会活动的兴趣和需要。班主任要做好这方面的工作就需要在主题和形式的选择上下功夫。主题上要贴近学生实际，要是学生关心的、需要的；形式上要讲究新颖性、趣味性。例如，对学生进行法制教育，可改一改过去法制理论课的形式，采取由学生自己穿上制服办一个模拟法庭。只有当主题班会成为学生的需要并且使学生感兴趣时，才能激发起学生主动参与的欲望。

在班会的准备、组织和开展中，班主任要充分信任、鼓舞并大胆任用学生。要把平日教师的讲台变成今日学生展示的舞台，这样学生通过自己准备、组织和参与，从中得到锻炼，提高认识，班会的目的也就会自然注入学生的认识和能力中。

（三）多样性和艺术性原则

多样性原则即主题班会的形式是多样的。它包括两方面含义：一是主题班会本身形式的多样性；二是同一主题的班会形式的多样性。主题班会本身形式的多样性主要是指它有论理式班会、演讲式班会、交流式班会、文艺式班会、竞赛式班会、辩论式班会、实践式班会、模拟式班会，等等。同一主题的班会形式的多样性是指同是一个主题的班会可用不同的形式展开，这就要根据学生的情况、学校现有条件而定。班主任可选择一种最佳形式以达到最佳的效果。

艺术性是主题班会要达到预期目的的一座桥梁。主题班会也应该突出艺术性，要寓教育于美的享受之中，寓理于情，以情感人，由情悟理，使学生产生思想上的共鸣，这样能够使学生的思维能力、想象力、创造力、鉴赏力以及他们的实际操作能力得到体现，起到综合教育的作用。

二、主题班会方案的设计

主题班会的内容十分广泛，形式也是多种多样的。因此，主题班会方案的设计就显得特别重要。设计得巧妙、新颖、针对性强，就能充分发挥学生的群体作用，保证主题班会顺利进行，达到预期的目的。所以，主题班会方案的设计是开好主题班会的先决条件。设计主题班会方案，必须把握好以下三个要素：主题、内容和形式。

（一）主题的提炼

主题班会必须选好主题。主题是统领整个活动的灵魂，好似一条红线贯穿于活动的始终，影响着活动内容的确定和活动形式的选择，还是关系到班会是否能达到预期效果的非常重要的因素。

1. "小"中见"大"，从学生的实际中挖掘主题

"小"指学生生活中的一些小事或普遍现象，"大"指这些小事、现象反映出的问题或蕴含的道理。一个具有敏锐观察力的班主任，善于从学生的细微表现中捕捉到大的教育主题。如教师在新年过后，看到班里一些学生有了大把零用钱之后，花钱请客、胡乱花钱的现象增多，就组织学生调查讨论，召开了"合理使用零花钱"的主题班会。

2. "大"中见"小"，从社会大背景中提炼主题

"大"指国内外的重大事件，"小"指学生的思想实际。学生首先是一个社会人，身处于现实社会之中，受到社会生活的深刻影响，他们的思想呈现出复杂性、多样性的特点。班主任在进行主题提炼时应该紧扣时代脉搏，把握教育发展的趋势，善于从国际国内的最新热点话题或大事件中挖掘主题。教育法规、政治形势、尖端科技、影视天地、体育明星等等，均可成为教育的主题。

3. 从"儿童视角"选择主题，凸显"以人为本"的教育理念

主题班会应该是师生之间就共同关心的话题频繁交流、双向互动。学生有自己的喜怒哀乐，有自己的思维方式，一个远离学生思想的话题很难引起他们的关注，只有贴近学生心灵的话题才能令他们产生共鸣。所以，教师要了解学生在想什么、怎么想，要以"儿童视角"来选择他们共同关心的话题，让每个人都有话可说。如针对当前中学生恋爱问题，设计主题"异性交往大家谈"；针对学生对统一校服有意见，设计主题"统一着装与张扬个性"。这些主题"从学生中来，到学生中去"，体现了"以生为本"的教育理念，能够收到较好的效果。

（二）内容的选择

活动主题确定以后，就要进一步选择活动内容。在充分考虑学生的思想基础、活动能力、文化素质和兴趣爱好的前提下，紧扣主题，服务主题。

1. 活动内容要有针对性

不同年级的学生心理、生理发展有差异，思想状况、兴趣爱好也不尽相同，因此，不同年级应该有不同的活动主题。同一内容，也应根据学生的年龄特点、认知水平的差异，有针对性地设计。

2. 活动内容要有鲜活性

主题班会活动内容要丰富多彩，要在变换中求鲜活，特别要关注那些新时期出现的新事物和学生关注的热点问题，使活动内容既新鲜又富有时代精神。如策划"中秋节月光晚会"时，一改过去吃月饼、做游戏、搞联欢的老做法，而是从嫦娥奔月的故事讲到阿波罗登月的趣闻，从中秋佳节倍思亲联系到"一国两制"和台湾回归祖国。这些活动既有知识性，又有趣味性，深受学生喜爱。

（三）形式的确定

主题班会的形式很多，有座谈会式、展览式、知识竞赛式、参观式、演讲式、辩论式，等等。主题班会的形式应该由内容来决定，无论组织什么活动，都应该选择那些最为理想的活动形式，以达到最佳的教育效果。

1. 形式和内容的统一

内容要通过一定的形式才能表现出来，形式必须依托于一定的内容才有存在的价值，二者只能统一，不能分离。在选择主题班会形式时，应明确认识到，选择主题班会形式是为了使内容更好地表现出来，使学生在积极参与中受到深刻教育。

2. 形式与条件的统一

选择活动形式要从实际出发，不可简单套用他人的活动形式。有时，同

样的内容，因实际条件不同需要采取的活动形式也会不同。以开展爱国主义教育活动为例，如果学校附近有革命纪念地、名胜古迹等，就可以采用参观的形式；如果能请到革命前辈、英雄模范来作报告，就可以举行报告会；如不具备这些条件，则可举办"我的祖国"诗歌朗诵会，或国情知识竞赛等。有的形式固然好，却由于缺乏某些条件而无法开展。如邀请专家作专题报告，这对于大、中城市的学校来说容易做到，然而对于农村、边远地区的学校来说，却是件困难的事情。同样，农村、乡镇学校有着自然环境的优势，随时随处都可以进行野外活动。但对于城市学生来说，进行野外活动就有相当难度。因此，应根据学校条件、社会条件和自然环境，"因地制宜"地选择活动形式。

3. 形式求新求变

俗话说"变则新，不变则腐"。活动形式要不断创新，年年老一套只能使学生厌倦。如上海市有一所小学，在"爱鸟周"举行了一次爱鸟宣传活动，学生们每人头戴一顶小鸟造型的帽子，列队来到了集贸市场，模拟鸟的哀鸣，劝说卖鸟人将鸟放生。又如，在对学生进行"挫折教育"时，天津市十佳班主任栾爱晴组织开展了骑自行车游外环线、赏外环线美景的活动。巧的是在活动中突然风雨交加，但面对重重困难，师生们斗志昂扬，表现出不怕挫折、团结互助的精神。后来，学生们把这次活动称为"风雨外环线"。

三、主题班会的具体实施

主题班会的具体实施要在过程中展开。主题班会的教育形式应该向两极延伸，使教育活动伴随在学生平时学习、生活的全过程之中。因此，主题班会的开展包括了前期准备阶段、具体实施阶段和后期巩固阶段。

（一）前期准备阶段

主题班会除应有较好的设计方案外，还必须发动班级学生认真准备。准备得越充分、细致，就越能得到预期的效果。主题班会的准备，可分为精神准备和物质准备两个方面。

1. 精神准备方面

要调动班干部和每个学生的积极性，使他们都自觉地投入到与主题班会有关的各项准备工作中去。各项准备工作的具体任务都要落实到干部、小组以及每个学生，并且要定时、定人，负责督促检查，务必做到准备充分、细致、熟练。有的准备工作，班主任还要亲自动手，督促检查，并及时帮助他们解决准备工作中遇到的困难。

2. 物质准备方面

主要是把主题班会要用的东西及时准备好。如会场上布置用的鲜花、画像、横幅（或黑板上、或后墙上）的大字、专刊等。有的主题班会如果要搞小实验，表演小魔术、快板，还需要准备好乐器、舞蹈服装等，并需要由专人负责筹备、保管、归还等。班主任要及时了解所需的物品，并帮助学生解决困难。整个主题班会的准备工作，应尽量发动全班学生人人参与，使学生通过积极准备的实践过程，受到极好的教育，得到锻炼，并获得深切的体会。

（二）具体实施阶段

充分的准备为主题班会的实施创造了良好的条件。正像一场球赛那样，一个球队在比赛前已做好充分的准备，最后就要看队员们的临场发挥了。主题班会也一样，最后要看班会上的临场发挥。临场发挥得好，就会取得良好的效果，甚至可以超出预期的效果。班主任要鼓励学生全力以赴去实施。

1. 重视学生的自我体验

在主题班会活动中，学生的自我体验是一个充满个性和创造性的过程，只有引导和帮助学生在过程中进行体验，主题活动才算真正走入学生的精神世界，才会在学生的心灵中留下有意义的痕迹。只有充分张扬学生的自主性，才能帮助学生进行良好高效的自我体验。发挥学生主体性的形式是多种多样的，如主持人应尽量让学生来担任，每个学生都要在活动中担任角色，使他们都能形成班级主人翁意识。活动的过程就是自我体验的过程，学生用自己的眼睛去观察，用自己的头脑去思考，用自己的心灵去体验，活动才会更具感染力，更具生命力，才会更有价值。

2. 凸显活动的动态生成性

无论是举办故事会、报告会、专题讲座，还是组织竞赛、表演、展览等活动，都要对活动进行整体规划、周密设计，提出明确的活动目标和主题。然而活动的本质特征却是其动态生成性。任何一个活动都不可能完全按照预设的目的和主题来展开与推进。随着活动的不断展开，新的目标和主题不断生成。学生在整个过程中认识和体验不断加深，创造性火花不断迸发。如：为了增加学生对农村生活的真实感受，组织学生实地走访一所农村小学。在走访过程中，学生们亲历了农村同龄人生活的艰辛，感到十分的惊讶和难过，于是纷纷伸出了援助之手，为这里的学生捐款捐物。返校后，他们还决定与这里的学生开展长期的"手拉手"活动。从整个活动来看，学生的心灵体验发挥了重要作用。通过亲身体验，新的目标不断生成，活动主题不断深化，活动的教育意蕴得到充分开掘，体验的教育意义得到进一步张扬。

3. 尊重学生的真实表达

活动中，学生的真实表达应该受到鼓励，得到尊重。我们可事先拟出一些不同的观点和做法，通过给他们选择的权力而培养其独立思考、自我判断的习惯和能力。有些教师在开主题班会时，往往要求学生照着教师的观点来表达。因为他们一是担心学生们的表达能力，二是担心学生们自主发言会跑题。但是，这样就剥夺了学生思考的权利。学生真实地表达自我思想的习惯需要慢慢培养，也许一开始的时候会乱成一锅粥，会离题万里，但只要注意引导，学生就会慢慢走向正轨。尊重是个态度问题，不应该与观点的正确与否有关。当学生感受到来自教师的尊重时，他们就敢于表达自己的思想。班主任平时要有意识地培养学生自主、自立、自治的能力，从小培养他们自己管理自己、自己教育自己的习惯，锻炼他们敢想、敢说、敢做、敢创新的精神。班主任还要提高自己的工作艺术能力，多与学生沟通，善于将自己的教育意图转化为学生的心理需要，形成默契的师生关系。

（三）深化巩固阶段

除了要认真考虑主题班会的选题、组织形式外，还要认真考虑主题的深化和巩固。这就需要搞好主题班会的总结，并在总结中善于"借题发挥"，点到实质，"举一反三"，以教育多数学生。同时还要搞好"追踪教育"，以深化主题和巩固成果。

1. 要善于总结和提炼

做好总结是班主任的一项重要任务。在主题班会中，学生的认识有时并不是一致的，有积极的，也有消极的，有时还有分歧。由于学生的年龄、知识和认识水平方面的限制，有些发言往往有片面性和局限性。班主任就要利用总结来启发、诱导和点拨，使学生们能认识到事物的本质，认识到召开班会的目的，认识到自己今后努力的方向。在总结时，要针对学生的认识给以集中、分辨、提炼和升华，使学生的认识有提高，行动有准则，前进有方向。

2. 要善于"借题发挥"

"借题发挥"指在班会总结中，班主任要善于由此及彼、由表及里、由现象到本质，使主题班会发挥出多种教育作用。"借题发挥"是班主任必须掌握和经常运用的手段。在班级管理过程中，班主任应当适时地抓住各种时机对学生进行教育，提高他们的认识。

3. 要做好"追踪教育"

要使主题班会真正起到教育作用，就要在班会后进行"追踪教育"。一是在主题班会活动之后，要及时掌握来自学生的信息反馈，抓住学生思想情感方面的变化，继续加以引导，促其升华。力争在每次活动之后，在学生们的心灵深处留下一点有价值的东西，并使他们在行动上有所表现。二是班会作出的决定，班委会要认真监督执行，并付诸行动。例如，在召开了"你为集体做了些什么"主题班会后，就要及时表扬那些关心集体利益、为集体做了好事的学生；对于表现较差的学生要批评指正。只有这样，主题班会的成果才能发挥出来。

相关案例

"我10岁了"主题班会活动

学生进入四年级，心理进入一个关键的转折期。他们的心理正在发生微妙的变化，情感开始变得敏感、细腻、丰富。在与外界的接触中，有了许多个性化的认识和处事的方式，非常渴望与他人交流，但又缺乏方式与机会。家长和教师感觉到，他们不再那么"言听计从"了，孩子与家长的沟通需要一个新的平台。教师通过分析认为，四年级学生最容易动情，开展情感性的主题班会活动可以为孩子提供切合他们需求的生长点，同时也可以结合感激教育，给学生提供一个感激父母、回报父母的契机。于是决定开展"我10岁了"主题班会活动。

在前期准备阶段，学生与教师一起设计了一份给家长的调查问卷。问卷中就"在孩子的成长过程中最难忘的事件"、"记录孩子成长历程的方式"、"特别关注孩子哪些方面的成长"以及"对本次主题班会活动有何建议"等方面进行了广泛的调查，听取家长们的心声，了解家长们的真实想法。在此基础上，结合学生的实际情况拟订了本次主题班会的目标：（1）通过真情交流，让学生体会父母10年的辛劳，感受父母真切的、无私的爱。（2）通过10岁庆典仪式，让学生懂得自己已经长大了，应该用实际行动去回报父母的养育之恩，从而激发自我成长的需求。同时，家长、学生、教师同时为活动进行精神与物质上的准备。家长：（1）认真完成《调查问卷》。（2）和孩子一起看一看成长记录（照片、录像、日记、成长档案袋等），回顾一下孩子的成长历程，准备一个真情的故事。（3）认真写好10岁献辞："孩子，我想对你说……"学生：（1）和父母一起看一看自己的成长记录（照片、录像、日记、成长档案袋等），回顾一下自己的成长历程。（2）给父母写一封情真意切的信。（3）用心准备好献给父母的"礼"（节目）。（4）为父母做一件事。教师：（1）指导学生写信。（2）认真阅读《调查问卷》，了解有关情况和家长需求。（3）指导学生排练节目。（4）帮助学生制作多媒体课件。（5）设计成长贺卡，指导学生写10岁宣言。

在主题班会课上，家长、学生、教师一起"真情追忆"，从一张张儿时的照片、一个个朴实而感人的故事中一起回忆成长路上的点点滴滴，温暖人心；"真情互动"，家长看孩子们写的信，感动人心；"10岁庆典仪式"上家长们的10岁献辞、赠送成长贺卡，学生的10岁宣言等让参与班会活动的每一个人都感动。

通过活动，学生们真真切切地感受到了父母在自己的成长历程中付出的爱，感受到了父母对自己的期望，感受到了学校和教师对自己的祝福，感激之情溢于言表。学生明确了今后的成长目标，在爱、祝福、期待的包围中，进一步树立了信心。家长重新了解并认识了自己的孩子，在教育和沟通的方式等方面做出了反思，和孩子的情感更融洽了。

案例点评

"我10岁了"这一主题班会的组织无疑是成功的。在主题班会动人的音乐声中，学生们充满深情的诗朗诵——《献给父母》，表达了对父母的感激之情；情真意切的"爱的信件"诉说了自己的心声，感动了父母，拉近了自己与父母之间的距离；激情飞扬的"10岁宣言"道出了自己的决心；珍贵的礼物——"10岁献辞"给学生们带来学校教师的祝福与期望；精心制作的"我10岁了"的班级相册，渗透着教师对每个孩子的爱，让家长再次感受到了学校和教师给予孩子的"生命关怀"。

这次活动的成功与班主任的精心设计是分不开的。首先，这位班主任善于提炼活动主题。在教学中敏锐地观察到四年级学生心理进入一个关键的转折期，从而找到了组织活动的切入点。其次，这位班主任对活动精心准备。以问卷的形式广泛展开调查，听取各方心声，从而使活动组织做到有的放矢，主题突出，责权明确，如在调查基础上，拟订了主题班会的目标，规定了家长、学生和教师应该做的准备等。正是班主任这样的精心"雕琢"，才换来主题班会的圆满成功。在引导学生以一颗感恩的心拥抱生活、孝敬长辈、尊敬教师、回报社会、奉献爱心等方面取得了良好的教育效果。

节庆纪念日主题教育活动的设计与实施

党中央、国务院在2004年2月26日下发的《中共中央、国务院关于进一步加强和改进未成年人思想道德建设的若干意见》中指出：各种法定节日、传统节日，革命领袖、民族英雄、杰出名人等历史人物的诞辰和逝世纪念日、建党纪念日、红军长征、辛亥革命等重大历史事件纪念日，"九一八"、"南京大屠杀"等国耻纪念日，以及未成年人的入学、入队、入团、成人宣誓等有特殊意义的重要日子，都蕴藏着宝贵的思想道德教育资源。要抓住时机整合资源，集中开展思想道德主题宣传教育活动。

这为我们开展节庆纪念日主题教育活动提供了行动指南。正确组织、引导学生开展节庆纪念日主题教育活动，既可以与传统的优秀文化紧密联系，弘扬民族精神，又有助于公民道德规范教育实现生活化、大众化、行动化，体现时代精神。

一、节庆纪念日活动的特点

相对于其他德育资源，节庆纪念日具有其独特性。

1. 形式简单

现在的学生不喜欢道德说教，很重要的原因是我们的德育存在理论化、抽象化的倾向，缺乏生动性，无法和学生的生活经验相结合。而节庆纪念日都是有具体的时间、有具体的事件或内容，了解起来很简单，正好可以满足教育形式简单化、生动化的要求。

2. 内涵丰富

每一个节庆纪念日都有着丰富的内涵，其中包含着爱国主义（如七一，八一，五四等）、传统美德（如中秋、重阳等）、环保（如世界水日，植树节等）和珍惜生命（如世界无烟日、爱眼日等）等等。深入挖掘这些节庆纪念日的思想内涵，并辅之以有效的教育形式，可以让学生在活动中体验每一个节庆纪念日所蕴涵的人文、历史、环境、人生价值和法律观念等。

二、节庆纪念日活动的类型

节庆纪念日是人类社会发展到一定阶段的产物，而节庆纪念活动则是民风习俗的最集中体现和重要组成部分。不同类型的节庆纪念日的起源都是不同的，它的活动内容也是不断变化发展的。精心选择并开发具有教育意义的节庆纪念日教育资源，赋予其时代教育主题，组织开展贴近学生生活、贴近学生思想状况的实际的教育活动，可以有效地引导学生在活动中学习人类的传统道德，学习做人的道理，从而不断地提高自身的道德水平。

一年中的节庆纪念日很多，每一个节庆纪念日都可以组织开展各种形式的节庆纪念活动，这些活动遵循着一定的规律，大致可以分为以下几类。

1. 辞旧迎新活动

如：公历一月一日的元旦，农历正月初一的春节，还有外国的圣诞节（12月25日），都可以组织相关内容的"辞旧迎新"活动。"辞旧迎新"是对过去一年的美好回忆，也是对新一年的展望。一般以文艺活动、娱乐活动为主，要开展得热烈、愉快、催人奋进。

需要注意的是，因为元旦的来临正是一个学期即将进行期末考试的前夕，所以活动筹备时间不宜过长，尽可能呈现学生真实的一种发展状态。

2. 革命传统教育

继承和发扬革命传统是"学雷锋纪念日"、清明节、"中国人民抗日战争纪念日"等节庆纪念日活动的主题和目的,一般可以选择参观访问、举办历史图片展览、采访革命老人和影评征文交流等活动方式。

例如:每年3月5日前后,全国各地都要举行多种形式的学雷锋纪念活动。雷锋的生平和雷锋的精神可能对于现在的孩子来说已经比较陌生,所以在雷锋纪念日前后组织开展"雷锋叔叔来到我们中间"系列活动,可以帮助学生更好地了解雷锋生平,学习雷锋精神。活动可分三个层次。第一层次:指导学生搜集并阅读雷锋日记,讲演雷锋故事,举办雷锋图片展,组织"学习雷锋好榜样"歌咏比赛等;第二层次:指导学生自建"雷锋小队"和"学雷锋阵地",开展力所能及的"学雷锋,树新风"的活动;第三层次:组织评选"学雷锋之星"、"学雷锋小标兵",用身边的典型激励学生。

3. 诞生日纪念活动

包括七一党的生日、八一建军节、十一国庆节、10月31日建队日,以及革命导师的诞辰纪念日等,这类活动以歌颂老革命家的丰功伟绩为主题,一般可以通过报告会、座谈会、故事会、歌咏会、文艺会,以及广播、板报展览等形式来开展,还可以举行营火晚会、火炬游行等。

国庆节是一年中学生在学校度过的比较重要的节日,可以组织丰富多彩的庆祝活动。国庆7天长假,许多学生会随父母外出旅游,返校后可以组织"贝壳旅行包"活动,让学生自己设计,自己担任讲解,通过图片、照片领略祖国的大好河山。另外,还可以开展"我爱我的家乡美"活动,组织学生了解家乡名胜古迹的来历、变迁、传说和故事等,然后在中队里进行汇报。有条件的话还可以访问文物管理部门和文物工作者。这些活动,既可以丰富学生的知识,扩大学生的眼界,更能增进学生热爱家乡的思想感情,同时,也可对学生进行爱护文物的教育。

4. 群众性纪念日

如:三八妇女节、五一劳动节、五四青年节、六一儿童节、9月10日教师节、九九重阳节等,这些庆祝活动可以与"三热爱"教育结合在一起。

当今的孩子,多数是独生子女,由于长期生活在父母的关爱中,把父母对自己所做的一切看作是理所当然的,从未想到要为父母做点什么,稍不顺心还要对父母发脾气,这对儿童健康人格的形成是不利的。因此,在三八国际妇女节时,利用节庆活动来培养学生孝敬父母的传统美德。学生孝敬父母,必须先了解自己的父母,我们可以组织学生开展下列活动。

(1)大追踪。我的妈妈一天生活纪实。以一个双休日为观察日,指导学生开展"母亲的一天"调查活动,记下母亲从起床到睡觉,都在做些什么,从而体会母亲生活与工作的辛劳。

(2)大特写。妈妈的眼睛,妈妈的声音。在学生学习了课文《穆老师的眼睛》后，指导他们仔细观察，仿照课文进行写作，看一看母亲慈爱的眼睛，听一听母亲满是爱意的声音。

（3）大演播。夸夸我的好妈妈。引导学生回忆多年来母亲对自己的养育之恩，用简洁生动的语言，把那一件件看似平凡的小事描述出来，指导学生从日常生活中去关心母亲、理解母亲，体味伟大的母爱，激发学生敬爱母亲的感情。

（4）大交流。这就是我的妈妈。指导学生用手抄报的形式，交流观察采访母亲的收获。

对于班里失去母爱的学生，教师要特别给予关注，可以请他（她）采访自己的外婆或奶奶，也可以由学生在父母中自由选择一位作为采访对象，避免部分学生处境难堪。

5. 民间传统节日

春节、元宵节、清明节、端午节、中秋节、重阳节等传统节日，传承了中国的历史风俗习惯，积淀了丰富的中国传统美德，如尊老敬老、勤劳节俭等。这些传统节日的民情风俗，从各个不同的角度和侧面，反映着民族的历史风貌和社会生活，是劳动人民在人类历史发展中克服了种种艰难险阻、创造了无数光辉业绩、形成了许多优良传统和美德的真实写照，是开展节庆纪念活动的宝贵资源。

民间传统活动的设计要突出中华传统习俗，避免过于严肃和单调，突出家庭气氛。例如：农历八月十五日，是我国传统的中秋佳节。十五的夜晚，当一轮明月悬挂中空，人们望着玉盘般的明月，自然会想到家人，"举头望明月，低头思故乡"。因而人们又把中秋节称为"团圆节"。我们可以开展中秋故事会，讲月亮的故事；也可以组织学生开展吃月饼、赏月活动；还可以指导学生自己动手做月饼，开展"一块月饼一片情"活动，用月饼寄托学生思念台湾同胞、盼望祖国统一的心情和愿望。

6. 专题教育日

包括植树节、消费者权益日、世界地球日、国际爱牙日、世界粮食日等专门性的纪念日，这些纪念日是开展专题教育的最佳时机。

3月12日为我国"植树节"。为什么规定3月12日为植树节呢？一是因为这一天是孙中山先生逝世纪念日，把这一天定为中国的植树节，用以深切怀念一贯重视并提倡植树的伟大革命先行者孙中山；二是因为从时间上考虑，3月12日前后，在中原大部分地区正是植树造林的适宜季节，全国可由南而北循序开展绿化。植树节前后，我们可以组织学生开展"我与绿色同行"主题教育活动，以小队为单位认养一棵小树苗，设计一张植树名片，自制一块护绿广告牌，开展红领巾护绿行动。

相关案例

过年啦

一、活动背景

又是一年年末，高年级的学生们围绕着即将来临的圣诞节互赠贺卡、送礼物，开晚会，忙得不亦乐乎。在由此引发的对话中，教师了解到他们对各个"洋节"十分热衷，相反对中国传统节日的文化内涵却知之甚少。这引起了教师的警觉：这些现象的发生是否意味着孩子们民族精神的缺失？五六年级正是培养学生民族精神的合适时机，恰逢大队部计划在寒假中开展关于"春节"的探究性活动，教师便考虑借助这一系列主题活动，让学生通过自主的探究活动，去深入感受春节这一传统节日的文化内涵和魅力，从而受到爱国主义、民族精神、民族文化的熏陶和感染。

二、活动目标

(1) 通过师生之间多向互动活动，了解中国的传统节日——春节的来历、习俗以及与春节相关的一些内容，在此过程中积淀知识，发展技能。

(2) 激发起对中国民俗风情的喜爱，提高鉴赏美、评价美、表现美的能力。

(3) 培养搜集、选择、提炼资料，以及用相关资料说明自己观点的能力，学会在集体活动中大胆交流，快乐分享，团结合作。

三、活动计划

活动安排在春节前两周，目的是让学生在充分查找资料、讨论和交流的基础上，选出几个自己最喜欢和最擅长的研究内容进行研究。通过师生的共同讨论，确定了本次探究性活动的内容：年俗的研究，春联的研究，饮食文化的研究，年画、窗花的研究。同时把活动细化成四个系列。

四、活动过程

活动一：自由组合成若干小组，自愿申报，进行专题资料的搜集、整理、选择、学习、交流。

活动二：以小组为单位，自主选择展示方式，在全班展示小组研究的成果。

活动三：利用寒假，带着自己的认识和理解，过一个与众不同的春节。到节日中去用心感受、体会、创造和传播春节文化。

活动四：开学后，组织一次活动总结，通过文章、图画、春联等各种不同的形式汇报、展示参与本次活动的感受和成长。

案例点评

传统节日传承了中国的历史风俗习惯，积淀了丰富的中国传统美德，蕴藏着丰富的民族文化内涵，是宝贵的思想道德资源。活动"过年啦"把握了非常好的问题时机和方法时机，从学生过于关注"洋节"而忽略民族传统节日的问题现象出发，抓住对学生进行民族精神文化教育的合适时机，利用春节前夕这一特定时间，整合资源，引导学生自主探究，集中开展春节文化主题宣传教育活动。这次活动使学生受到了传统的优秀文化的熏陶，弘扬了民族精神，又帮助学生的道德规范教育实现了生活化、大众化、行动化，体现了时代精神，收到了非常好的教育效果。

班级文艺活动的设计与实施

班级文艺活动是指学校通过健康的文化艺术娱乐活动对学生进行熏陶和教育，以发展学生的美感和健康心理品质的教育形式。班级文艺活动的开展为学生提供了自我展示的舞台，在班级文艺活动中，学生的活动能力得到提高的同时，也陶冶了情操，发展了个性。

一、班级文艺活动的内容与形式

1. 班级文艺活动的内容的来源

（1）与学科教学相结合。

深入挖掘学科中的文艺素材，使文艺活动以生动活泼的形式、灵活机动的安排，渗透在教育教学活动中，以帮助教师达成学习目标，培养学生的创造能力、合作意识等。

（2）可以与日常生活相结合。

日常生活中有许多内容可以提炼出来，成为学生开展文艺活动的内容。如花草树木、四季景色等都是学生开展文艺活动取之不尽的源泉。如春天里可以组织学生外出参观，搜集相关资料，开展关于春天的诗歌朗诵会，也可自己来写一写春天的诗，唱一唱春天的歌。学生的作品可以通过校园网、学校橱窗、班级专栏等途径予以宣传，激发学生参加文艺活动的兴趣。

（3）还可以与节日、纪念日相结合。

如与元旦相结合召开"迎新年联欢会"；与国庆节相结合开展"祖国妈妈我爱您"的活动；在中秋节到来之际，可以开展"中秋月儿明"的活动等。活动前应让学生自己寻找相关主题的资料，或挑选、或自编，充分发挥学生的自主创造性，设计安排活动。

（4）根据地区与学校的特点，选择活动素材。

每个地区都有自己的风土人情、名人轶事等，这些都可以成为丰富的教育内容。可以组织学生讲故事、编写剧本，并扮演其中的角色，创设一定的氛围，让学生在参与到这些活动的同时感受到人物的人格魅力，受到感染和熏陶。还可以挖掘学校资源，开展具有学校特色的活动，利用社团活动等演出，形成系列活动。

活动应在学生自愿参与的基础上，引导学生相互合作，共同设计、组织、安排，充分发挥学生的聪明才智，让每个学生都成为班级活动的小主人，教师则应成为学生活动的参与者、合作者、指导者。有条件的话还可以邀请家长成为班级课外辅导员，让家长也参与到班级活动中来，为学生活动的开展出谋划策，增进家长与学校的交流。

班级文艺活动不仅可以在班队活动、早会课、思想品德课上完成，也可以与各学科的时间相整合，在其他学科的课堂上进行。现阶段三至六年级在课程表上不再设置班队活动课，这就给班主任提出了一定的要求，要尽量地将文艺活动融合到其他学科中，还可以与综合实践活动相结合，在研究中实践，在实践后展示，内容就更加丰富了，对学生的成长所起的作用会更大。

2. 班级文艺活动的形式

文艺活动的形式也很丰富，一般来说，主要分为班级联欢会、文艺演出、集体舞与歌咏等。

班级联欢会。包括文艺晚会、生日联欢会、节日联欢会、毕业联欢会等。班级联欢会旨在培养、挖掘学生的文艺才能，给大部分学生当众表演的机会。或唱或跳或朗诵或表演，节目应由学生自己选择，激发每个学生参与表演的兴趣。

文艺演出。文艺演出的形式是丰富多彩的，目的是锻炼学生。节目应该采取学生喜闻乐见的形式，如相声、小品、舞蹈、唱歌等。还应鼓励学生自己创作、自己排练，促进学生之间的交往，提高学生的合作能力。

集体舞与歌咏。集体舞能活跃班级气氛，欢快的节奏，舒展的动作，给人以一种健康快乐的感觉。学生比较好动，精力也很充沛，集体舞可以有效地调节学生的情绪，有益身心健康。歌咏活动也比较受学生的欢迎。教师应组织学生选择一些熟悉、易于传唱的歌曲，还可以根据一些节奏明快、朗朗上口的旋律进行重新填词，简单创作后形成新歌。

二、班级文艺活动方案的设计与撰写

班级文艺活动方案的设计要目标明确，过程清楚，语言简洁明了。班级文艺活动方案的组成，主要分为活动的目标、活动的准备、活动的过程和活动的反思四个部分。

1. 目标明确

每个活动的开展都有其特定的意义，有知识方面的，有能力方面的，也有情感方面的，班主任要结合学校的培养目标，针对班级学生的实际情况，根据不同年龄阶段学生文艺活动的特点，确定相关的活动目标。

2. 准备充分

方案中要充分考虑活动的准备工作。要准备的资料从哪里去找，要准备的材料由谁去做，活动的地点安排在哪里比较合适等等，这些在活动前都要设计在内。此外，还要充分考虑人员的安排，尽量合理、公平，做到人人有岗位，个个有职责。

3. 过程具体

活动地点、活动人员、活动时间、活动内容都要安排好。要切实安排好活动的顺序，哪些活动先开展，哪些活动后开展，要依据活动内容的安排做适当调整。一般来说，要循序渐进。活动量比较大、难度比较高的活动放在后面；难度比较小、比较轻松的活动放在前面。活动类别也要交叉进行。

4. 反思及时

每次活动开展后，教师都要针对活动的开展予以反思。反思学生的表现、活动的设计、活动的效果等。反思的形式也是多样的，可以是日记、个案分析、教育故事等。

三、班级文艺活动的组织与指导

1. 积极准备，调动学生的参与热情

（1）师生共同确定主题。

主题要鲜明，主题的选择既要贴近学生生活，满足学生兴趣，又要符合学校对学生发展的要求。主题可以由班主任与班干部商量确定，再经由班委会和学生共同商议，也可以是学生倡议，大家响应。

（2）人人积极寻找岗位。

活动前要组织学生积极报名参与。对那些文艺骨干要提高要求，节目要精彩；对那些不经常表演的学生则要帮助他们选择适合自己的节目，鼓励他们参加。其他的学生可以参与布置教室，准备好气球、彩灯、各类装饰物品，让每个学生都能在班级活动中找到自己的位置。

（3）充分发挥学生创造力。

活动形式要紧扣主题，丰富多样，内容要健康，发挥学生的积极性。活动方案的设计需要学生积极动脑，大胆创新。在排练中学生之间要相互交流，积极提出修改意见。班主任对活动的内容、形式要做到心中有数，要进行把关，并提出一定的要求，还可以请相关的教师、有某方面才能的家长参与指导。当学生遇到一定的问题时，教师要及时参与其中，帮助学生解决问题，保证活动的顺利进行。

（4）竞选主持人。

每次活动的主持人是非常重要的，可以采取竞争上岗、轮流参与的方式。学期初就可以通过竞选，形成主持人队伍，并组织培训。每次活动的主题与节目确定之后，请学生来撰写串联词。优秀的串联词不仅要有对每个节目的精彩介绍、上下节目的串联，还要调节活动现场的气氛。比较优秀的主持人可以来帮助和指导新的主持人，逐步形成主持人梯队。

2. 适时参与，调控活动气氛

活动中遇到偶发事件，班主任要及时处理，最好要邀请副班主任或家长共同参加。如有学生在活动中发生一些意外，班主任不至于脱不开身。

活动中要避免冷场现象，要及时调控学生情绪，要安排一些互动节目，上下呼应，避免学生只是观众、看客。活动中还要对学生进行一定的纪律要求，比如要注意尊重他人的劳动，及时鼓掌，不要随意跑动，造成秩序混乱，更不能指指点点，大声喧哗，影响他人表演情绪。帮助学生在日常的活动中养成良好的习惯，以后在公共场所也会自觉遵守。

一般来说，活动最后要以全班性活动结束，可以是齐唱一首歌，或一起跳支舞，这样在高涨的情绪中会让学生回味无穷。活动结束后还要组织进行评价与反思。要对好的节目、积极参与的学生予以奖励，还要引导学生反思自己在活动中的表现，为下次活动的开展积累经验。

3. 尊重学生差异，促进每个学生的发展

文艺活动中，学生是活动的主体，教师要充分认识到学生的差异，发挥学生的特长，尽量多提供一些岗位，也可以进行岗位轮换，给每个学生动口、动手、动脑的锻炼机会。对参与到活动中来的学生，教师要给予充分的尊重，要信任学生，激发学生参与的信心与勇气。对不同层次的学生要提出不同的要求，只要能达到这样的要求，就是成功的。

在班级中多开展适合本班特点的文艺活动，能增强班集体的凝聚力和向心力。班集体扎根的土壤是多姿多彩的班级生活，节日联欢、文艺演出、歌咏比赛……这些让我们的班级活动充满生机与活力，充满乐趣与温暖。学生参与其中，感到愉悦的同时，也会受到教育，思想境界得以提升，个性得以张扬，集体荣誉感增强。

相关案例

圣诞英语歌咏会（方案）

一、活动背景

"英语新课程纲要"规定小学生英语二级达标要会唱至少20首英语歌，通过"歌咏比赛"，能调动学生学习英语的兴趣，学生不仅仅会唱英语歌，更能编一些简单的歌谣，这使他们的自我创作能力得到提高，同时也培养了创新能力。

二、活动内容

（1）分组学一首圣诞歌，为圣诞活动作准备。

（2）每人自己根据所学的英语知识编一首简单的英文歌，要求：曲调悦耳，歌词压韵，容易上口，方便记忆、诵唱。可以独立编，也可以几人合编。

三、活动准备

相关音乐、道具自备。

四、活动过程

（1）主持人宣布圣诞英语歌咏比赛开始。音乐：《圣诞快乐》

（2）听音乐，猜曲名。猜出的学生可以邀请同学演唱这首歌，猜不出的则要罚表演一个节目。

（3）自编歌曲比赛。

（4）评比总结

（5）集体歌舞《铃儿响叮当》

案例点评

本次活动是圣诞节来临之际组织班级学生召开的圣诞联欢会。活动目标是调动学生学习英语的兴趣，让学生不仅会唱英语歌，更能编一些简单的歌谣，使他们的自我创作能力得到提高，培养他们的创新能力。为了达成这个目标，班级设计了形式丰富的活动。尤其是自编英语歌曲演唱活动，学生要有良好的音乐基础，还要将创作的英语儿歌编到乐谱之中，既要曲调悦耳，歌词押韵，还要方便记忆，这对学生提出了很高的要求。

活动也培养了学生与人交往的能力。学生有的是个人独立完成，有的则是与人合作。尤其是合作创编的小组，涉及很多问题。如小组成员如何组合，成员之间有哪些特点，活动中如何充分发挥成员的作用，遇到问题如何处理、协调，等等。整个过程的开展，为学生的人际交往提供了一个交流的平台。

这样的文艺活动，寓教于乐，不仅激发了学生活动的兴趣，还锻炼了学生学习与运用英语的能力，更重要的是活动促进了学生与学生、学生与教师

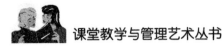

的交往，培养了学生发现问题、解决问题的能力，真可谓是一举多得。

小实验活动的设计与实施

小实验活动也是学生乐于从事的实践性活动之一。学生通过从事力所能及的实验活动，进行实验研究，从中直接获得感知、技能和乐趣方面的发展。

一、小实验活动的意义和作用

实验能使学生坚信科学道理，引起学生探求科学奥秘的浓厚兴趣。实验活动是学生进行科学探究、享受成功乐趣的重要手段。

1. 激发学生的好奇心和探究欲望

许多自然科学知识方面的典型实验，如从有生命的动物、植物、微生物到无生命的岩石、矿物，虽然有的在科学课堂上能做，但也有的需要长时间观察、实验，因而需要团队合作来研究。这恰为班级活动设计提供了可能，可以把它作为班级活动来实施，以激发学生的好奇心和探究欲望，并在现有条件下对这些因素进行有效的调控，从而激发学生的积极情感。他们在广阔的时空中亲历探究过程，会惊异地发现，原本以为"熟悉"的事物或现象，竟出现了许多以前自己并没考虑到的问题，有些问题竟也能通过自己的执著探索迎刃而解。

2. 发展学生交流和合作的能力

学生在具体的探究活动中经常会碰到自己解决不了的问题，这时他们就产生了交流和合作的欲望。学生通过自己做实验，勇敢地发表自己的观点，与伙伴相互合作、相互影响，与他人的观点进行比较，再通过科学辩论申辩自己的观点，不仅可以增长知识，还可以提高交流沟通能力，激发创新意识。

3. 提升学生的评价能力

在班级小实验活动中，学生们有充分的时间能恰当地运用科学知识、撰写科学报告，各学科的互通发展了他们综合运用知识的能力。特别是在班级小实验活动的交流汇报过程中，可以让学生相互评价，要求他们认真倾听别人的发言，并能用简练、清楚、富有特色的语言，对别人进行评价。一个阶段后，学生们会在认真倾听后，一分为二地、辩证地评价同伴，他们的科学素养和品味得到提升。

二、小实验活动的内容

实验的基本特征是有意识地控制其他变量，改变某种变量，探寻改变变量和结果之间的因果关系。科学实验可以分为验证性实验、模拟性实验和探究性实验。在班级科技活动中，应大力提倡探究性小实验。探究性小实验有的可以在课堂上完成，有的可以让学生在家里完成，或者是在家里完成前期性工作。

1. 有关生命世界的小实验

通过班级活动，可以让学生进一步接触生动活泼的生命世界，感受生命的丰富多彩。内容可以围绕植物、动物和其他生物的生命周期、结构功能、基本需求、遗传现象等，也可以涉及儿童的生理健康、生长发育、生活习惯等。生物对环境的适应等则可以选择适合在班级科技活动内开展的小实验。

2. 有关物质世界的小实验

一个无生命的世界同样五光十色，精彩纷呈，充满了形形色色的令人惊奇、迷惘、感叹的现象和过程。这部分内容所涉及的许多知识与技能都是现代科学和现代技术的基础，相关小实验应充分体现出它与技术的关系。如使用简单仪器研究热胀冷缩，调查水的污染和净化、物质与环境的利用、乐音和噪音，研究彩虹，研究电动机等小实验。

3. 有关地球和宇宙的小实验

学生从小就从各种媒体中接触到"地球"这个名词，又在科学课上获得了有关地球的完整印象，包括了解地球的概貌和组成物质以及因地球的运动而引起的各种变化。而班级科技活动可以让学生进一步意识到地球的价值和保护它们的重要性，并进一步了解人类对宇宙奥秘的探索，认识科学的进步和人类的智慧。可以围绕地球概貌与物质，地球运动所引起的昼夜变化、天气变化、四季变化等，以及探索地球的历史等内容，在班级科技活动内开展小实验。如火山地震的研究、测风力风向、四季星座等小实验。

三、小实验活动的设计与实施

一个小实验设计的成功，是组织实施好班级科技活动的前提。精心设计活动方案，并加强实验活动过程的指导十分重要。小实验活动的设计与实施一般包括以下五个步骤。

1. 确定主题内容

主题内容是激发学生参加实验活动的重要保证。学生年龄小，注意力容易分散，特别容易被新奇东西所吸引，因此主题内容的设计一定要突出，让学生容易记住。

2. 确定小实验的目的

目的是小实验的灵魂。目的设计一般包括科学态度、科学精神、科学知识与技能、科学方法和能力以及科学行为习惯等五方面要求，但不同的小实验各有侧重。

3. 确立活动形式

小实验的形式应注重实用性，可以以小队为单位，或个人为单位，甚至以家庭为单位。在适当借助一些工具或仪器动手实验后，可用表演、比赛、讲述等形式进行汇报。

4. 准备实验材料

实验材料的准备到位是实验成功的必备条件。实验材料可采取师生共同准备或学生与家长共同准备，材料可以是生活中的一些常用工具或废旧物品等。班中还可配备工具箱，里面放一些常用的工具和材料：剪刀、双面胶、单面胶、老虎钳、卷尺、计时器、水彩笔等。

5. 记录活动过程

文字表达是一种对自己的思想进行推敲和表达的外化方法。因此，在小实验过程中，每个学生可配备一本实验记录本。它可以包括个人写作部分和集体写作部分，即一部分是每个学生自己写的材料，另一部分则是集体学习的成果。学生可以将自己的想法和得到肯定的想法加以比较，用图文结合的方法进行记录。

四、小实验活动的评价

在小实验活动中，可以通过记录本、汇报交流等方式对学生进行综合性评价。实验记录本是学生思维的外显。保留好每次实验活动的记载，就能看到学生进步的轨迹。如语言表达的进步，辩论说理能力的提高和科学知识的增长。实验汇报交流则可以通过制订评价标准，引导学生进行生生互评。如可以从语言流利、内容丰富、形式新颖、认真倾听等方面进行评价。

相关案例

研究蚂蚁

一、实验目的

以学生感兴趣的小动物作为研究对象，通过观察、实验、记录和思考，激发学生自行探究和热爱大自然的情感；通过在活动中相互交流，倾听其他伙伴的想法和建议，培养与他人合作的团队精神。

二、实验提示

（1）会用文字和图画等方式观察记录蚂蚁的行为特征。

（2）会用简单表格统计、整理蚂蚁的食性等情况。

（3）能对蚂蚁的各个方面提出自己感兴趣的问题，并选择适合自己研究的问题进行探究。

三、实验准备

（1）抓蚂蚁的工具材料等。

（2）供蚂蚁选择的食物，如糖、饼干、面包、鸡蛋、苹果皮等。

（3）供实验用的放大镜、水盆、抹布等。

（4）供交流用的实物投影仪。

活动时间：4~5课时。

四、实验过程及设计意图

第一阶段：激发兴趣，提出问题

（1）介绍各组带来的实验材料。

（2）带领学生到校园内去抓蚂蚁，目标是抓到10只以上的蚂蚁。

向学生提出安全、守纪等要求。教师参与到各组进行指导。

（3）交流汇报：在哪里抓到的蚂蚁，这些蚂蚁是什么样的。

让学生把要汇报的内容先在纸上进行记录，然后再交流。交流的要求是表达清楚，语言简洁，声音响亮。

（4）你还想研究蚂蚁的哪些问题？

先让每个学生提，教师在黑板记录，再引导学生找出其中感兴趣的问题自由组成小组。

（5）按新的小组进行讨论，准备怎样研究大家感兴趣的问题，需要准备哪些材料和工具。

第二阶段：制订方案，实验探究

（1）制订研究计划

按自己选定的小组设计研究方法等。

每个小组的记录纸包括下面一些内容：研究问题，研究经过，研究发现，结论。

（2）动手研究

学生按各自选定的问题、制订的计划进行研究，教师参与到小组中去提供必要的、适时的帮助。

第三阶段：交流汇报，总结提升

把研究的成果向大家进行交流汇报，汇报的要求（也是让学生评价的依据）：表达清楚，语言简练，富有特色。

汇报形式可采用个人和集体汇报相结合。汇报完后，在座学生进行提问或评价，最后教师综合大家的评价，给出该小组最后的成绩。

案例点评

教师与学生共同研究，是本次活动中的一个亮点。研究中，学生的注意力、提问点和评价方式都得到了极大的调动和发挥。为什么学生会有如此多的问题？又能这么快地做出反应进行解释？这些都缘于学生的实践探究和亲身体验。

一个活动中问题（课题）的选择、方案的设定、活动的探索、学生的交流汇报过程等都需要开放性、艺术性、整合性，并环环相连，合为一体。教师退到一角，让学生更多地参与、组织，自主地探索和研究，使学生的综合素质得到发展。

学生读书计划的制订

顾名思义，所谓班级读书活动就是以班级为单位，有计划地开展读书活动，进行多种形式的阅读、讨论和交流，有效地展示学生的阅读成果。相对于平时的阅读教学来说，这类形式的读书活动更加集中，组织程度相对更高，强调从学生的兴趣出发，强调让学生多提问、多思考，强调同文本的亲密对话，强调尊重学生独特的阅读感受，强调自主、合作、探究的学习方式，因而是推广学生阅读最有效的形式之一。

当然，班级读书活动不是随意组织和开展的，必须有科学的读书计划。班级读书计划是学生开展读书活动的具体指向和有效保证，包括读什么书，读书的时间安排、活动安排等。当学生清楚读书计划后，可根据计划积极主动地为实现这些目标而努力读书。

一、学生读书计划的制订者

一般来说，班级的读书计划应该在专业的指导下由教师为自己的班级量身定制。这中间可以参考课程专家的建议；可以参考课外阅读研究专业人士的建议。但班级读书活动计划的制订者更主要的还是参与阅读的教师和学生。主要可以有以下三种形式。

1. 指导教师

作为一名小学教师，最好对学生整个六年的读书能有一个通盘的计划，低、中、高三个阶段呈阶梯状螺旋上升，从低年级段的绘本到中高年级段的文学书籍，有计划地引导学生阅读，逐步培养学生的阅读能力。而就某一个班级的读书活动来说，必须从一学年的读书计划到一学期的读书计划，乃至到阅读一本书的读书计划都加以考虑。教师只有全盘考虑，才能更好地制订适合自己班级学生实际的读书计划。

2. 学生自己制订

学生是有着鲜明生命特征的个体，他们都有着各自的兴趣爱好，因而我们必须尊重学生的选择。这里可以从两个方面来理解：对于共读的书籍，学生在教师的指导下可以有自己独立的安排；对于其他的书籍，从内容的选择到阅读的安排都可以尊重学生的选择。当然，在这个过程中教师还要充分发挥指导的作用，指导学生订读书计划，而且一定要从实际出发，目标不要定得太高。

3. 师生共同制订

对于班级读书活动中读什么书，可以在一系列的书单中共同选择，或者教师推荐，也可以由学生推荐，最后师生在协商的基础上共同制订读书计划。

二、学生读书计划制订的依据

学生读书计划不是随意确定的，也不能只凭教师个人的喜好来定，而应有所依据。那么，读书计划应依据什么来制订呢？

1. 学科特点

学生的阅读史应该是一个全方位、多角度的阅读过程，绝不仅仅局限于文学书籍。就学校阅读而言，其依据是每一门学科特有的属性。学生首先要了解的是每一门学科的发展历史以及相关的信息，如数学学科，可以了解数学发展的历史，阅读相关数学家的故事等；英语学科，除了简单的英语常识，可能还要引导学生去了解相关的异域文化等。

2. 学生特点

了解不同年龄段学生心理、生理特点和已有的知识、能力，努力保证所确定的读书计划能使多数学生经过努力之后都能达到。因而在制订计划的过程中，要考虑学生的特点，如低年级学生主要是一些图画书，既有童真，又有激情，目的在于激发学生的阅读兴趣。中高年级学生更多的是阅读一些文字书籍，引导学生更多地对文字和内涵加以思考。

3. 学校特点

国家对课程设置有一定的计划和要求，而更多的时候是国家课程地方实施。阅读同样如此，不同的区域对阅读的要求可能也存在差异，因而在制订班级读书计划的过程中还要考虑地域文化，使得选择的书籍更适合当地学生的口味和阅读能力。

总之，教师无论是自己制订学生读书计划，还是指导学生制订读书计划，都要认真研究、慎重考虑。要先掌握好课标的尺度，再研究每一学年、每一学期、每一本书的读书计划，这样，才能确保读书计划的系统性与科学性，避免随意性。如此循序渐进，最后达到为学生打好"生命底色"的阅读目标。

三、学生读书计划的类型

学生读书计划的类型比较多，教师可以根据自己的需要选择适合学生和适合书籍本身的类型，其中最为常见的班级读书计划有如下三种。

1. 学期计划

在开学初，教师可以根据需要制订一学期的读书计划，计划宜精读、泛读相结合。

2. 专题阅读计划

在班级学期阅读计划的基础上，教师要就精读的一本书、一个主题或专题制订可操作的流程，便于阅读活动的有序进行。

3. 个人阅读计划

在班级学期计划的基础上制订个人阅读计划，可以更好地养成学生课外阅读的习惯。教师可以设计一些操作方便的表格让学生更好地制订个人阅读计划。

"我爱·我读"读书计划自主阅读一本书	书名			
	章节或页数	计划完成时间	实际完成时间	自我评价
	我的问题和回答			
	我的感想			
	教师评价			

注：自我评价分为提前完成、按时完成、延时完成、未完成。

四、学生读书计划的调整

读书过程是学生与书的深度交流过程，读书计划应该在读书的过程中不断得到补充与修改。如果发现计划要求过高，应及时降低要求，保护学生的阅读兴趣；如果发现计划要求过低，应及时改进，以提高阅读质量；对于计划外生成的阅读要求，要酌情纳入计划中。

相关案例

读书俱乐部实施计划的制订

一、活动前的思考

本次读书活动是根据苏教版语文第十册的内容而来，纵观整册书，有很多可以延伸或拓展的阅读点。如读《海伦·凯勒》可以引导学生阅读《假如给我三天光明》；学习课文《司马迁发愤写〈史记〉》可以引导学生阅读《史记》。这些名家名篇都值得学生去好好玩味，好好品读。怎样组织学生去阅读这些书籍呢？考虑到学生口味可能不一样，基于尊重学生阅读个性的特点，指导教师组织学生自由组合成立读书俱乐部，推选出自己信赖的俱乐部部长，进行"主题式"阅读。

二、活动目标

（1）激发学生阅读的兴趣。

（2）培养学生自主阅读的能力和习惯。

（3）培养学生参与、合作、探究的能力。

三、俱乐部的读书活动计划

以"史记"俱乐部活动计划为例

时代	活动内容	形式	负责人
尧、禹、夏	《中国起源》	论坛	×××
商、周	《商衰周兴》	论坛	×××
秦（吕不韦）	《传奇商人——吕不韦》	论坛	×××
秦（秦始皇）	《千古一帝——秦始皇》	论坛	×××
汉（刘邦、项羽）	《楚汉之争》	论坛	×××
吴国、越国	《吴越之争》	论坛	×××
赵国、楚国	《结楚救赵》	论坛	×××

案例点评

一份好的读书计划能直接影响学生的读书效果，而一份学生自主参与、自主制订的读书计划更能对学生起到良好的导向作用。从以上呈现的学生读书计划来看，学生已经有了自己的思考和见解，他们的计划围绕本组的读书内容展开，可以说内容丰富，可操作性也比较强。更主要的是他们关注到俱乐部每个成员的分工与合作，让每个成员都有参与的机会，尽量根据俱乐部成员的特点给每个人都提供了展示的舞台，努力达到合作与分享的目的。另外，从他们的读书计划中可以看出他们的设计有一定的针对性，"史记"俱乐部着重表现时代的特征和故事性。这样的读书活动，极大地激发了学生读书的热情，同时也拓展了学生的知识面，丰富了学生读书的内容和形式，促进了学生读书个性化的形成和发展。读书活动给了学生展示自己才华的舞台，使学生感受到了读书的快乐，学生的个性在读书中得到了更好的发展，他们变得更加自信、乐观，也更乐于与同学交往了。

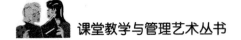

劳动实践活动的设计与实施

作为人类最基本的实践活动，劳动不仅创造了人类本身，而且创造了巨大的物质财富，保证了人类社会的延续和发展。让学生参加劳动实践活动，既是落实素质教育的重要体现，也是落实教育与生产劳动相结合的重要措施。劳动实践活动是以学生获得积极的劳动体验、形成良好的技术素养等多方面发展为目标，且以操作性学习为特征的学习领域。它强调学生通过人与物的作用、人与人的互动来从事操作性学习，强调学生动手与动脑相结合。"综合性"、"实践性"是其较明显的特征。

一、劳动实践活动的目标

（1）通过劳动实践活动，丰富自己的劳动体验，形成对劳动的初步认识，培养学生认真负责、珍惜劳动成果的良好品质。

（2）鼓励学生在日常生活中努力做到自己的事情自己做，提高学生的生活自理能力。

（3）认识日常生活和周围环境中的常见材料，学会使用一些基本的劳动工具。

（4）在劳动中学会与同伴合作，学会关心他人、尊重他人，树立正确的劳动观，体验劳动的快乐。

（5）通过劳动实践活动，关注成人的职业角色，初步了解社会的职业分工，形成正确的职业观。

二、劳动实践活动的基本内容

1. 班级常规性劳动

班级常规性劳动涉及的范围主要包括班级的室内卫生工作、学校包干区卫生工作等。

2. 家政、自我服务性劳动

小学低年级学生主要以自我服务性劳动为主，提倡自己的事情自己做。高年级的学生可利用课余时间学习一些简单的家务劳动，学会使用常用的家用电器，如洗衣机、微波炉等。

3. 社会生产劳动

组织学生走出课堂，走向社会，深入实际的劳动情境，如农村、工厂、劳动基地等进行劳动。

4. 社区公益劳动

可与学校附近社区或学生居住地社区联系，指导学生开展一些定期或不定期的公益性劳动，如到敬老院打扫卫生、给社区花圃锄杂草等。

5. 手工劳动

主要指锻炼学生手部小肌肉的一些劳动，旨在发展学生初步的折、剪、贴、塑、雕、编等基本技能，内容可涉及纸工、陶艺、编织等。

三、劳动实践活动的设计

劳动实践活动的设计可分为常规固定式设计和主题活动性设计。活动要求班级学生尽可能全员参与，但可有不同分工或轮流进行，视具体情况而定。

1. 常规固定式设计

一般需要定期进行的一些劳动实践活动可运用常规固定式设计，如班级常规性劳动、学生自我服务劳动等。设计可分为班级学期劳动实践活动计划或个人劳动实践活动计划。班级劳动实践活动计划一般在开学初集体制订，活动内容、人员组合、劳动分工、时间安排等可由学生讨论决定。一旦固定，各成员必须按计划履行自己的职责。个人劳动实践活动计划可由学生根据自己的实际情况而定，一般由学生自我实施。

2. 主题活动性设计

主题活动性设计有利于激发学生对劳动实践活动的兴趣，一般以劳动实践内容为主的主题活动性设计可与研究性学习相结合，这样更有利于学生系统地掌握劳动技能，激发学生的探究意识和创新精神。为了提高劳动实践活动的效果，在活动前做好活动设计工作是十分必要的。

（1）针对目标设计活动。

对某阶段重点发展学生哪些劳动技能或形成哪些劳动观念和态度，要有明确的目标，教师可组织学生针对某些拟订目标进行具体的实践活动的设计。

（2）结合学校的某些活动主题设计活动。

例如，学校对社区开展的一些公益性劳动，一些社会实践性劳动或学校举行的劳动科技节等。

（3）活动设计要具体可行、充满乐趣。

活动设计要从学生的生理和心理特点出发，要注意学生的性别差异，增强活动的针对性、安全性和选择性。活动内容、活动目标要明确，组织要有序，分组要合理。要给学生创设获取各种经历、各种体验、各种感受的机会，使劳动实践活动的学习过程成为生动活泼、多姿多彩、充满乐趣的过程。

（4）活动设计要体现实践性、趣味性、创造性、整体性。

活动要注意激发学生学习技术的兴趣，以培养学生的创新精神和实践能力为重点，因地制宜地确立活动目标。在保证基本知识、基本技能、基本态度等教育目标实现的基础上，尽可能提供更多自主学习的舞台和自主探究的机会。同时要把积极的劳动态度和正确的劳动价值观的形成渗透到整个活动中去。

（5）时间安排要整体规划、灵活机动。

在时间安排上：要根据实际情况进行整体规划，可以是一课时或几课时，也可以用课内时间或课外时间。

（6）活动场所、内容要确保学生安全。

假如在校外开展活动，对劳动地点、场所要事先进行联系，必要时教师要对劳动地点、场所及劳动内容在活动前进行考察，以保证劳动实践活动的顺利进行及学生的人身安全。

四、劳动实践活动的基本过程

1. 明确劳动实践的活动项目

根据学生年龄特点精心选择适合学生开展的活动项目，全体学生对将要进行的劳动实践活动项目都要有明确的认识和了解。

2. 确定活动目标

依据学生各方面的发展情况，提出相应的活动目标。

3. 进行活动策划

活动前要针对活动项目进行精心策划，包括活动实施的地点、实施的方式、期望达到的目标、实施的时间安排、具体的分工等。

4. 制订活动设计

将策划的事项具体地记录下来，形成活动方案。

5. 做好活动前的准备工作

包括活动工具、设备的准备，活动地点、场所的联系，活动中的时间问题、交通问题、经费问题的协调等。

6. 实施活动计划

根据设计方案，开展具体的劳动实践活动。

7. 活动总结

总结并交流劳动实践活动中的体会、感受。

五、劳动实践活动的组织与实施

1. 组织形式

劳动实践活动可以以班级为单位，以学生小组为活动团体组织学生开展，也可以是学生个人在家庭或社区独立参与劳动实践活动，还可以视活动主题及活动内容而定。

2. 活动设计

活动前对所进行的活动内容要有充分的思想准备，对如何实施活动要进行相应的策划，有具体的计划、分工、实施目标。

3. 活动保障

对学生将要参与的劳动实践活动所涉及的场地、劳动工具、设备等事先要准备好，如何使用这些工具、设备，教师要先做一定的讲解与指导，活动中要对学生进行必要的安全教育，提高他们的自我保护能力，同时加强与学生家庭、社会相关部门的沟通与联系，为学生的操作体验性学习提供必要的实践场所，也可请家长、专家当导师，加强对学生操作技术的指导，确保学生顺利开展活动。

4. 活动管理

劳动实践活动中要加强学生的自我管理能力。教师要指导学生严格按照操作程序进行，以确保劳动技能的掌握与学生在活动中的安全。

5. 活动评价

劳动实践活动中的评价应以发展性评价为主，通过评价引导学生树立正确的劳动态度、劳动观念、劳动价值观，正确认识社会的职业分工。评价可结合学生自评、组评、教师评价、家长评价等进行综合评定。

6. 活动交流与总结

劳动实践活动中的总结交流方式可以是多元的。可以针对劳动技能的掌握程度进行交流、总结，也可以针对学生劳动态度、劳动观念、劳动价值观的转变进行交流、总结，还可以针对学生在劳动中的表现进行具体的交流、总结。总之，教师要指导学生用好交流与总结这个平台。具体在实际操作中运用哪种方式进行，可视劳动实践活动的主题、类型有所侧重。

六、劳动实践活动实施中的教师指导

在劳动实践活动的实施过程中，教师的根本任务是为学生的技术学习和技术探究提供有效的指导和优质的服务。教师在指导时应注意以下七点。

1. 活动指导应面向全体、尊重个体

在组织学生开展劳动实践活动时，教师的指导既要面向全体学生，让学生学会基本的劳动技能，又要充分尊重学生的个性、自主性、创造性，使所有学生都能成为劳动与技术学习的主人，都能成为活动的受益者。

2. 正确处理示范、讲述与学生操作练习之间的关系

这是教师在活动指导中必须注意的事项，教师的示范要突出重点、解决

难点，讲解要简明扼要，便于学生理解，还要留给学生进行充分的自主学习、自主探究的时间和空间，便于学生掌握、巩固所学技能。

3. 引导学生合理分工，正确处理伙伴合作关系

在学生的劳动实践活动实施过程中，因受到场地、任务及学生技术等因素的限制，学生独立操作或完全由学生个体独立承担一项任务的机会不是很多。在这种情况下，就涉及到小组合作或小组分工的问题，作为教师，要充分利用学生内部人际关系及学生群体的作用，引导学生学会在技术活动中的分工与合作，引导学生相互交流、观摩与学习。

4. 加强巡视指导，做到个别指导与集体指导相结合

当学生进入实际操作阶段，教师的主要任务就是帮助学生顺利达成工作目标。在此过程中，教师要把握好集体指导与个别指导的关系，做到共性问题集体指导，个性问题单独指导。

5. 发挥多种教育技术和手段的作用

在一些有条件的地区，可把信息技术引入劳动与技术教育，并加强其在模拟仿真训练和技术设计方面的运用，以提高指导效果。

6. 根据学生角色特点，合理分配劳动任务，做好劳动保护

根据中小学生的性别差异控制好学生的劳动强度，做好劳动保护也是教师在活动实施过程中需要考虑的问题。在实际操作中，一方面可根据工作强度进行合理分配，另一方面也可以指导学生在小组合作过程中进行合理分配。

7. 注意劳动与技术教育资源的利用和开发

在劳动实践活动实施过程中，既要利用现有资源，又要注重开发新的资源，尤其要注意将各类教育资源进行有效整合，并做好现有资源的管理工作。

相关案例

走进"家务劳动"（四年级）

一、活动主题背景

本主题活动是以家务劳动为切入口而设计的班级主题活动。内容的选择主要针对四年级学生的自我服务能力实际现状及课程标准中"劳动与技术"课程所规定的"家政"方面的具体内容综合设计而成。其设计目的主要是期望学生通过本主题活动，在家务劳动能力、自我服务意识、家庭责任感、小组合作能力、社会交往能力、语言表达能力、创新能力等方面能有进一步的发展和提高。

二、教学目标

1. 知识目标

通过对家务劳动的调查活动，了解在日常劳动中，哪些劳动是属于家务劳动。学会做一些简单的家务劳动，学会做一道有自己创意的"凉拌菜"。

2. 能力目标

通过"练一练"、"露一手"活动，培养学生自我服务和做家务劳动的意识及能力，培养学生学会请教、合作交往、搜集处理信息、语言表达、发现问题与解决问题的能力。

3. 情感目标

通过调查活动，体会家长劳动的辛苦，激发学生的家庭责任感，让学生品尝成功的喜悦。

三、教学准备

（1）调查统计表。

（2）一些简单的家务劳动工具。

（3）自备凉拌菜的材料。

（4）相关课件。

四、课时安排

大约16~18课时。

五、活动的内容和设计

1. 哪些劳动属于家务劳动

（1）学生展开讨论。（2）制订计划：小组讨论；制订出切实可行的个人计划。

2. 跟踪调查：妈妈（或他人）一天的家务劳动

利用课余时间跟踪观察家里某一人一天的家务劳动情况；计算一周中平均每天花费在家务劳动中的时间；制订一份科学的家务劳动时间表；写一份跟踪调查小报告。

3. 校园调查：一周中你做哪些家务劳动

利用课余时间在四至六年级学生中开展"一周中你做了哪些家务劳动？"的调查；根据调查数据进行分析，发表你的见解；在小组内进行交流。

4. 练一练：学做家务劳动

学生利用课余时间，学做几种简单的家务劳动。

5. 露一手：学做一道凉拌菜

学生自己设计一道凉拌菜；每个学生根据自己的设计，亲自制作一道凉拌菜；向同学介绍制作的经历、作品的特点、学习制作的过程等；欣赏、评比、品尝。

6. 交流收获与感受

学生通过各种方式交流在整个过程中的体会、收获、教训和感受等。

案例点评

这是一份较翔实的劳动实践活动案例，整个案例设计包括知识、技能、操作、实践、调查、采访、交流等多个环节的内容。活动以与学生生活实际密切相关的家政劳动为切入口，有助于培养学生的家务劳动能力，提升自我服务意识，增强他们的家庭责任感以及小组合作能力、社会交往能力、语言表达能力、创新能力等等。

有效开发家庭资源、家长资源也是本案例的一大亮点。学生是家庭的一员，家庭中具备各种开展家政活动的资源。父母、长辈在此活动中将扮演一种新角色——导师，孩子也将扮演一种新角色——弟子，而角色的转换更有助于提高学生技能学习的效果。

让学生始终从事单一的家务劳动，学生可能会感到厌倦，提不起兴趣。而将普通的家务劳动技能穿插在有趣的活动中，能够不断激发学生的活动兴趣，让学生在活动中体验成功，享受探究与创新的乐趣，从而进一步锻炼与巩固学生的劳动技能，在活动中体验父母劳动的艰辛，体验父母为家庭的付出，这对培养学生的家庭责任感无疑也是有促进作用的。

其实，在班级社会实践活动的设计与实施过程中，社区服务活动、参观访问活动、社会角色体验活动、劳动实践活动的设计与实施常常融合在整个活动过程中。在具体实施时，教师要充分发挥学生的主体性，从关注学生终身发展的角度，创造性地设计与实施社会实践活动，引导学生在"做"、"考察"、"实验"、"探究"、"设计"、"创作"、"想象"、"反思"、"体验"等一系列活动中发现和解决问题，体验和感受生活，发展实践能力和创新能力。教师应积极利用和开发各种课程资源，努力用好活动中生成的新的活动目标和活动主题，为不断丰富学生的社会实践活动提供有力的保障。

心理体验活动课的设计与实施

班级心理体验活动是将心理辅导普及、服务于所有学生的最佳途径之一，也是学校心理教育工作的重点之一。要做好这项工作，促进学生的健康成长，作为学校重要组成部分的班级，如何对心理体验活动课程进行有针对性的规划、设计就显得尤为重要。

一、心理体验活动课的特征与目标

心理体验活动课又称体验式心理辅导课，是在学生人人参与的共同活动中，教师协助学生不断地在情感体验中，经历"认知——行动（交往）——

再认知——体验——新认知"螺旋式上升的心理适应及矫正过程。其主要特征表现为：它是学生自我成长、自我完善的活动；是学生互助、自助的活动；是学生自我体验和感悟的活动。

学校心理体验活动有三个领域：学习心理辅导、人格心理辅导和生涯发展辅导，每一领域都有其领域目标。在小学阶段，一般较侧重于前两种心理辅导领域。

心理体验活动课目标的制订不仅会影响到活动内容的选择与设计，而且还会影响到整个心理体验活动课的实施，以及学生心理教育水平的评估。班级心理体验活动课程的目标主要侧重于以学生的成长需求为出发点，以学生自我成长与自我完善为重点，以学生成长中出现的问题为活动主题，帮助学生梳理情绪，澄清一些模糊的、错误的认识，指导、引导学生挖掘自我的潜能，自己解决自己的问题。因此，班级心理体验活动课既是学生互动、自助的活动，也是学生自我体验和感悟的活动。

二、班级体验活动课的类型

班级体验活动课程的基本类型主要分成以下几种。

1. 学习问题辅导型

学习成绩不好，有的学生能查找原因，改进学习方法，去争取好成绩，而有的学生却因此产生自卑和焦虑情绪。这些消极的情绪反应，会直接影响学生学习的积极性。学生的厌学行为就是这些消极情绪的直接反应。

2. 自我意识辅导型

自我意识是每个人的自我认知、自我评价、自我体验和自我控制。人只有正确认识自己，对自己做出正确的评价，才会确立正确的人生目标。从目前的情况来看，学生的自我意识存在一些误区，主要表现为过高地评价自己。这种自我认识，不利于学生的成长。

3. 情绪情感疏导型

情绪对人的影响很大，良好的情绪会使学生学习进步、生活愉快，而消极的情绪会使学生萎靡不振、学习懈怠。一旦发现学生有不良情绪，教师应引导学生多回忆自己的美好时光，展望自己的美好未来，让学生置身于美好的、温馨的氛围中，这样学生的烦恼、苦闷、悲观情绪就会大大消解，情绪就会调整过来。

4. 人际交往协调型

人是社会的人，生活在社会中，离不开社会交往。社会交往是一门学问，但很多学生缺乏这项基本技能。班级心理体验活动课应把社会交往作为一项重要内容。要为学生创造人际交往的机会，搭建人际交往的平台，在活动中不断增强学生的社交能力。

三、班级体验活动方案的设计与实施

设计班级心理体验活动方案，一方面可以依托坚实的理论基础与实施流程，另一方面可结合班级实际情况有针对性地进行设计。在设计活动方案时，应着重具体考虑四个方面：班级心理体验活动课程在学校整体心理教育工作中的定位；课程方案设计的理论架构；课程的单元设计；课程方案实施的具体流程。

1. 班级心理体验活动课程在学校整体心理教育工作中的定位

班级心理体验活动课可列入学校"活动课程"板块，也可在校本课程中实施。它是以班级为辅导单位、以同龄段学生成长需要为辅导目标的团体辅导形式；是以学生的情意活动为主要内容，并非系统地向学生传授心理学科知识；它侧重体现学校"心育"的教育性、发展性和预防性功能；它是受课时限制的，只能致力于一个切口较小的发展性辅导主题的活动课程。

班级心理体验活动课是面向全体学生的，因此能满足每个正常学生发展的需求，而且省时省力；它是教育性、发展性、预防性的，因此与学校的常规教育教学活动有很高的同一性；它的专业化要求略低于矫正性辅导，因此适合教师兼职操作；它以班级为辅导单位，因此适合与班主任工作密切结合，适合组建一支以班主任为骨干的心理辅导队伍。

2. 课程方案设计的理论架构

在构建班级心理体验活动课程的基本框架结构前，首先要对以下内容进行分析：对班级成员心理需求的调查分析；对设计主题活动效果的预测分析；对团队动力的分析；对班级成员生活环境的分析等。其次要有针对性地确定活动目标，因为心理体验活动目标的制订不仅会影响到活动内容的选择与设计，而且还会影响到整个心理教育活动目标的实施，以及心理教育效果的评估。

3. 课程的单元设计

单元设计是指对某一具体的心理体验活动课程内容制订实施计划。通俗地讲，就是备好一个单元或一节课。单元设计的内容如下：确立单元名称；确立课程时间；确定单元目标；明确教学方法；做好课前准备；确定活动程序；进行效果评估。

4. 课程方案实施的具体流程

方案的实施过程是否能达到预期的效果，有赖于在实施流程上有妥善的规划与细心的设计，实施的具体流程包括暖身活动、创设情境、展开讨论、树立榜样、联系自我、反馈矫正、反思总结等七个环节。这七个环节在实施过程中并不是一成不变的，根据具体情况可以灵活地进行调整，根据备课情况有所侧重，一切以实效为依据，这样可以使班级心理体验活动方案的可行性大为提高。

四、班级心理体验活动课组织实施的操作要领

班级心理体验活动课是学校"心育"发挥其发展性、预防性功能的重要载体，是一种具有中国本土化特色的团体辅导方式。教师在组织实施过程中，既要把握好心理教育的"度"——"八重八不重"原则，又要防止在活动模式上造成的一些"偏误"。

1. 重感受，不重认知

辅导不是说教，不是安慰，不是训导，也不是逻辑分析；辅导是心灵的碰撞，是人际的交流，是情感的体验，是帮助一个人自助的过程。辅导是要促使学生在团队的助力下，审视自己的内心，反思自己的成长，思考学习，思考人生，思考自我与外界的关系，以推动自我的完美发展的过程。

2. 重引导，不重教导

班级辅导应该是"非指示性的"，教师不应该对学生作强制的说理和武断的解释，暗示、忠告、说服等手段也只能最低限度地使用，要力求"随风潜入夜，润物细无声"。心理辅导，重在"导"，也难在"导"。"引导"要注意契机，还要注意分寸。

3. 重口头交流，不重书面活动

这是一种非常简单、却又很容易被教师忽视的操作规范，它是辅导过程有没有动态气氛的关键。班级团队辅导与个别辅导的最大区别就在于学生是通过群体交流产生的影响力来调整自己的认知、态度、情感和行为的。口头交流有助于解决学生的共同问题，相互之间学会体谅、理解。

4. 重目标，不重手段

班级辅导活动最重要的是把握好辅导理念和辅导目标，如果只考虑形式和手段的新鲜花哨，就很可能会导致舍本逐末。

5. 重真话，不重无错话

信任使人感到安全，信任才能敲开心扉。说真话难免有错话，但如果对学生在成长过程中出现的错误持一种宽容而积极的态度，可强化学生自我向善的意向与努力。团队辅导员的基本任务是确定良好的氛围，一种对团队成员接纳与信任的气氛，可以使每个成员不必防卫及隐藏自己，自由自在地表达自己，这样才能使团体咨询产生效果，并促使当事人改变与成长。

6. 重氛围，不重理性探讨的完美

班级辅导是建立在成员之间相互信任、关心、了解、接纳的氛围中的一

种互动的人际交往过程，每个成员的心扉就是在这种人际氛围中打开的。因此，温暖、安全的团体氛围远比完美的理性探讨重要得多。

7. 重应变，不重原定设计

班级辅导活动面对的是充满动感的学生个体和交互影响的班级群体，辅导现场的学生心态是千变万化的，教师必须灵活把握辅导活动的发展势头，不可刻板依照原定设计行事。

8. 重自我升华，不重教师概括总结

领悟是学生克服心理不适应、促进自身发展的关键，它往往伴有深刻的认识飞跃。即使学生的自我升华还比较幼稚，教师也不可越俎代庖。班级辅导活动课的结束部分，应该是学生借助自己的内省、同学的反馈和辅导教师的建议等，对自己的认知体系进行整理和重建的重要环节，这个环节也应该让学生主动参与来完成。教师的概括总结要简明扼要、画龙点睛。

五、班级心理体验活动课的反馈与评价

班级心理体验活动课的评价可采用多元评价方式进行，如学生个体的自主评价，学生个体的相互评价，学生小组的评价，家长、教师的评价等。但值得注意的是，心理体验活动的评价应与平时的学科评价有所区别，心理辅导评价不应追求量性评价。心理问题的形成一般都是日积月累产生的，要消除其影响也不是一、两节课就能解决的，教师切不可操之过急，在评价过程中要看到学生的进步，要给予学生信心、宽容、信任。对班级中的共性问题要细心关注，通过不断的反馈、评价；反馈、评价的过程，获得最佳的效果。

相关案例

学会正确评价自己

一、活动目标

（1）针对学生过高或过低评价自己这一现象，开展班级心理辅导活动。

（2）引导学生了解正确评价自己或他人的方法。

（3）学会合理地评价自己或他人。

二、活动准备

（1）提供一些相关案例（日常生活中由不合理评价引起的误会、纠纷等案例）。

（2）空白纸若干张。

（3）烦恼箱一只。

三、时间安排

大约 3~5 次活动。

四、活动设计

1. 课前活动

（1）请学生将自己的烦恼或对他人的不满写在纸条上放入"烦恼箱"。

（2）梳理出过高或过低评价自己的案例。

（3）将典型案例稍做改变作为讨论信息。

2. 导入部分

教师：上星期，我们在班级里设置了烦恼箱，昨天，老师请部分同学帮忙整理了烦恼箱，将一些有代表性的共性问题进行了梳理。现在，你们想不想知道结果？

公布结果并引导学生针对案例进行讨论：你觉得这些同学对自己或他人的评价合理吗？为什么？

3. 学生讨论

（1）怎样才能合理地评价自己或他人？

（2）在你熟悉的人中，你觉得谁最会评价自己或他人？请举例说明。

（3）不能合理评价自己或他人，有可能会造成怎样的后果？

（4）提供信息：过高或过低评价自己都是不合理的，长此以往形成定式，就有可能形成心理问题，对自己的成长不利。

（5）要学会合理评价，在日常生活与学习中，我们该怎样做？

4. 友情寄语

请学生给同桌或同伴写一段寄语。

5. 总结

（1）鼓励学生养成宽容别人、不苛求自己的品格，同伴之间能相互谅解、鼓励，有矛盾时要心平气和地解决，尝试从他人的角度看问题。

（2）提醒学生碰到烦恼应该说出来，或者用纸条将自己的烦恼写下来投进烦恼箱，寻求他人的帮助。

6. 活动效果反馈与评价

效果反馈与评价在活动一周后进行，可由学生自评和他评组成，教师评价一般以鼓励等正面评价为主，反面评价一般作为个别交换意见。

案例点评

本案例中，辅导教师在一次班级心理体验活动课上，抓住学生日常生活、学习中暴露的常见问题为切入口，有针对性地开展活动。从案例中可以看出，教师在开展活动过程中善于组织学生进行讨论。

"鼓励学生养成宽容别人、不苛求自己的品格，同伴之间能相互谅解、鼓励，有矛盾时要心平气和地解决，尝试从他人的角度看问题。"这也是本节课教师希望达到的目标。

主题活动虽说比较单一，但从设计中可以看出，教师力求让学生成为活动的主角，力求将活动设计得丰富。从课前的调查到烦恼箱的设置，从课中的讨论到给同伴的友情寄语，以及烦恼箱的长期利用，都表现出了教师的细心与耐心。

将学生推向前台，自己勇做"配角"和"辅助者"，这正是一个辅导教师在心理辅导课上应该扮演的"角色"以及应该拥有的"地位"。鼓励学生，保护学生的自尊心也是心理辅导教师应该具备的品质与义务。